碧巌の海

木村太邦

春秋社

まえがき

「碧巌録」は中国宋時代の禅僧雪竇禅師（九八〇―一〇五二）が、当時一七〇一人と数えられた禅将の禅問答の中から百則を選び出して、その一つ一つに十翰林の才ありと謳われた詩才を振るって頌《じゅ》（宗旨のこもった詩）をつくられ、八〇年ほど後の圜悟禅師（一〇六三―一一三五）が垂示《すいじ》・下語《あぎょ》・評唱《ひょうしょう》を加えて集大成したものです。

このたびは百則の内の一三則、第一三則から第二五則まで収めております。題して「碧巌の海」。

海には数え切れぬ生きものが棲息しており、その無限の衆生を蔵して、ある時は白浪滔天と荒れ狂い、またそれが夢であったがごとく、ある時は海晏河清と、あくまでも静かにおだやかに澄み渡りながら、いぶし銀のごとき光をたたえております。

ある日、畏敬する先達から、「これはなんと読みますか」と、「歟」の一字を持ちこまれました。「読めません。見たこともありません」と答え、すぐ『漢辞海』を引いて見ますと「か」と読み、疑問文と反語文と感嘆文をつくる語でした。修行の道程を一語で言い止めている語だと思いました。

わが国の大燈国師が花園上皇に問います。

〈億劫《おくごう》相別れて須臾《しゅゆ》も離れず、尽日《じんじつ》相対して刹那も対せず。此の理、人々之れ有り、如何なるか是れ恁麼《いんも》の理ぞ。伏して一言を聞かん〉

上皇は答えました。

〈昨夜三更、露柱、和尚に道《い》ひ了んぬ〉

これまた見事に、国師の難問を、真っ暗闇の只中で露柱が露柱としてのつとめを、無言で黙々と行じている一事をもって、答えきっていると思います。

省みて、はずかしいかぎりです。一事が万事で、万語が一語です。一事が万語で、万語が一事です。

大海に潜む無尽の法財と、味わい尽くせぬ無上の法味とが、四苦八苦に満ちみちた私達の人生航路に、生きる勇気と希望とを点じて止まないことをこいねがいます。

このたびも、難渋なテープを起こして整理してくださいました編集部の方々はじめ、神田明会長、澤畑吉和社長、佐藤清靖編集長に、心からの感謝を捧げます。ありがとうございました。

平成二十八年十二月八日

天門山裡　木村太邦

碧巌の海

目次

碧巌の海

銀椀裏に雪を盛る——第一三則「巴陵銀椀裏」

【垂示】垂示《すいじ》に云《いわ》く、雲大野《くもだいや》に凝《あつま》れば、徧界蔵《へんかいかく》れず。雪蘆花《ゆきろか》を覆《おお》えば、朕迹《ちんせき》を分《みわ》け難《がた》し。冷《つめ》たき処《ところ》は氷雪《ひょうせつ》よりも冷《つめ》たく、細《こま》かき処《ところ》は米末《べいまつ》よりも細《こまや》かなり。深深《じんじん》たる処《ところ》は仏眼《ぶつげん》も窺《うかが》い難《がた》く、密密《みつみつ》たる処《ところ》は魔外《まげ》も測《はか》ること莫《な》し。挙一明三《こいちみょうさん》は即《すなわ》ち且《しばら》く止《お》く、天下《てんか》の人《ひと》の舌頭《ぜっとう》を坐断《ざだん》して、作麼生《そもさん》か道《い》わん。且《しばら》く道《い》え、是《こ》れ什麼人《いかなるひと》の分上《もちまえ》の事《じ》ぞ。試《こころ》みに挙《こ》し看《み》ん。

【本則】挙《こ》す。僧《そう》、巴陵《はりょう》に問《と》う、「如何《いか》なるか是《こ》れ提婆宗《だいばしゅう》」。巴陵云《はりょういわ》く、「銀椀裏《ぎんわんり》に雪《ゆき》を盛《も》る」。

【頌】老新開《ろうしんかい》、端的《たんてき》に別《べつ》なり、解《よ》くぞ道《い》えり、銀椀裏《ぎんわんり》に雪《ゆき》を盛《も》ると。九十六箇《きゅうじゅうろっこ》応《まさ》に自知《じち》すべし、知《さと》らずんば却《かえ》って天辺《てんぺん》の月《つき》に問《と》え。提婆宗《だいばしゅう》、提婆宗《だいばしゅう》、赤旛《しゃくばん》の下清風《もとせいふう》を起《おこ》す。

「提婆宗」とは

難しい公案になっております。「末期の牢関」扱いでこの道場では置いているわけです。どれだけ皆さんにお話しできるか、やってみなければ分からないという感じのところであります。

お釈迦様が菩提樹下でお悟りを開きましたね。それが禅宗の始まりとなっているわけですが、禅宗という名前が出ましたのは、中国に入りましてから、中国の六番目の祖師である六祖慧能大師のご本で初めて禅宗という言葉が使われているようです。それまでは、禅宗という言葉はなかったということなのです。最初は「釈迦牟尼宗」といったのかもしれません。それからお釈迦様が迦葉《かしょう》尊者に法をお渡しになる時、お使いになりましたのが、これは伝説ですが、「正法眼蔵」という言葉が出て来ます。「正法眼蔵、涅槃妙心、実相無相、微妙法門」、これをお前に渡したぞ、とおっしゃったということが出て来ます。それで「正法眼蔵宗」とインドでは言っていたということです。

もう一つ、今日出て来ます「提婆宗《だいばしゅう》」という言い方ですね。皆さんもお名前は聞いていると思いますが、龍樹尊者という凄い天才的な方がいまして、「八宗の祖師」と言われているんですね。その方がインドで十四代目にお出になりました。その方のお弟子さんに、迦那提婆《かなだいば》尊者という方がお出になる。その方のお名前を取って、「提婆宗」という名前ができた、ということです。インドでの一つの呼び方として、「提婆宗」という呼び方がありました。

そうしますと、達磨さんが二十八祖ですから、龍樹尊者が十四代。十五代の迦那提婆尊者。達磨さんは約倍ですよね、二十八代ですから。迦那提婆尊者からずーっと伝わってきた呼び方ですから、六祖慧能禅師の呼び方である「禅宗」よりはずっと伝統的な呼び方になるわけです。例の有名な馬大師、馬祖道一禅師も、「提婆宗」という言葉を使っております。

それはそれといたしまして、ともかく、迦那提婆尊者という方は言葉に秀でていたんです。そして、もともとは外道の方でした。外道というのは、仏教徒ではないんですね。他の哲学なり宗教なりを奉じていた人なんですが、龍樹尊者に出遭いまして、宗旨変えするわけです。そして龍樹尊者の法を嗣ぎます。それからは悉く、外道の方々と問答するんです。問答しまして、みんな宗旨変えさせたと。こういう凄く弁舌に巧みなお方だったのです。

その伝統を受け継いでいる方は、雲門禅師だと思うんですね。雲門宗です。もうこれはなくなりましたけれど、雲門宗が、「言句の妙」と言われております。そして、この巴陵《はりょう》顥鑑《こうかん》禅師は雲門大師のお弟子さんです。そういう因縁があるわけです。ですから、言葉の問題になります。

「偏界蔵さず」

「垂示《すいじ》に云《いわ》く、雲大野《くもだいや》に凝《あつま》れば、偏界蔵《へんかいかく》れず」。昔は、というよりつい最近までは、「雲大野に凝《こ》って偏界蔵《かく》さず」と読んだのです。ところが今は、このように読むのが自然だ、ということなんだと思います。しかし、どうも違和感を感じてしまってしょうがないんですけれどね。どう違和感を感じるかと言いますと、「雲大野に凝れば、偏界蔵れず」というのは、テレビドラマの「踊る大捜査線」で言えば、会議室の読み方だと思うんです。禅宗は現場ですから、現場中心ですから、そうすると、どうもこういう読み方は、ちょっと読みにくいんですね。それで、ここだけは変えるのを赦してください。正しい読み方はこの通りなのかもしれませんけれども、昔は「雲大野に凝って偏界蔵さず」と読みました。意味はどちらにしても同じになると思います。

大平原に雲が立ちこめまして、真っ暗になって、目先のものも分からなくなる。それが、「雲大野に凝って」というところですね。そして次の「偏界蔵さず」です。真っ暗なんですけれども、何一つ壊していない、「そこにある」ということだと思います。ただ見えなくなっただけだ、「偏界蔵さず」です。水原秋桜子《しゅうおうし》という方の俳句なんですが、「浮き雲の影あまた過ぎ木瓜《ボケ》ひらく」という句があります。浮き雲が影を作った。その浮き雲も、大部分が過ぎて行って、そこから木瓜の花が出て来た、というわけですね。

「雲大野に凝って偏界蔵さず」。雲が、大平原の空いっぱいに広がりました、集まりました。そして真っ暗になります。そうすると、これは平等の世界がそこに現じるんですね。だけど、「偏界」、どこも隠していない、見えなくなっただけだ。よくよく見れば、ちゃんといろいろなものがそのままにあるわけです。木瓜もあるし、つつじもあるし、百合もあるし、沈丁花もある。都忘れの花もあるぞ、という感じですよね。何も別になくしたわけではない。ただ一時的に、雲が凝って見えなくなっただけだということです。

次は、これも昔の読み方で読ませていただきます。「雪蘆花《ろか》を覆うて、朕迹《ちんせき》を分《わか》ち難《がた》し」と読みました。雪と蘆花とがあるんですが、雪が蘆の花に降りそそいで覆ってしまった。雪と蘆花のある差別の世界から、平等の世界に転じてしまったということですね。どこまでも両方とも真っ白なんでしょう。どこからが蘆の花なのか、見分けが付かない。こういう言い方ですね。

「冷たき処は氷雪よりも冷たく」。今度は見る視座が違ったところからの言葉ですね。冷暖と言いますが、冷暖の方からとらえた見方です。「冷たき処は氷雪よりも冷たく」。じゃあ、暖かいところはどうなんだ、ということですが、私は提婆宗ではないので、なかなか言葉が出ませんですけどね。ただ、皆さん知っていると思いますが、「闍梨《じゃり》」、あなたということですね、尊敬の意味を込めた言葉です。「寒時闍梨を寒殺し、熱時闍梨を熱殺す」ということを、どこかで聞かれたことがあるかもしれませんが、これですよね。寒い時は寒さがあなたを殺し、寒さ三昧にしてしまう。暑い時はその暑さがあなたを暑さ三昧にしてしまう。天地ひた一枚の暑さにしてしまう。そうするとどうなるか。そうすると同じだ、と言うんです。

片方は寒い方から行くわけです。片一方は暑い方から行くわけですから、入り口は違うんだけれど、行き着くところは同じところへ出る、と言うんですね。同じところとはどういうことかというと、ひた一枚、天地ひた一枚。例えば、天地ひた一枚の寒さでぶるっと震えたところ。そこにはもう、寒さもない、といった感じなんです。片方は暑さもない。ただ天地ひた一枚の何ものかがあるんだ。その何ものかというのは、寒さでもない、暑さでもないやつだと、こういうわけです。

「細《こま》かき処は米末《べいまつ》よりも細《こまや》かなり」。今度は細やかといいます。大きいのと細やかなのと、細大でしょうか。細かいという段になると、お米の先よりも細やかにいろいろ見ている。しかし大きいという段だとどうなんでしょうかね。天地一杯の大きさでしょうか。いや、天地も超えるかもしれませんね。

「深深《じんじん》たる処は仏眼《ぶつげん》も窺《うかが》い難く」。今度は「深深」と「密密《みつみつ》」で言い分けております。その深いところは、仏の眼を以てしても見極めることが難しい、というわけです。例えば、不生の仏心ということですね。親が生み付けたのは、仏心ただ一つだ、と盤珪《ばんけい》さんは言うわけですが、その仏心などということは、仏様でも、その深い深い仔細は眼が届くかな、という感じですね。

「密密《みつみつ》たる処は魔外《まげ》も測《はか》ること莫《な》し」。その不生の仏心がもとになりまして、私たちが作り出したものだったら、そりゃあ仏様の眼が届くでしょうね。だけど、生み付けられたものです。私たちが百年の人生をもって作った物じゃないですよね。長い長い時間をこえて生み付けられたもの、それは仏様だって、さあどうだろう、ということです。そして、その不生の仏心がもとでこの世に生まれ出て来てしまって、いろいろな関係を結んでいくわけです。「因果の法則」といいますよね。仏教は因果論だともいいます。因縁果です。縁によっていろいろなことが生まれてくるわけです。「縁生」というやつですね。「縁起」も同じ意味でしょうね。それがどんなに密密にできているか、どう関係が織りなされて行くか、これは天魔外道も「測ること莫し」、想像することもできない。こういうわけです。「挙一明三《こいちみょうさん》は即《すなわ》ち且《しばら》く止《お》く」。一を挙げて三を明らめる、『碧巌録』の一番最初の垂示に出て来ましたが、これは世間の事です。敏《さと》い人は、四隅の一隅を見せられただけで、後の三つをも明らめてしまう。そういう、世間の賢いお方のことはしばらくおいておく。問題じゃないんだと言うんです。

「天下の人の舌頭《ぜっとう》を坐断《ざだん》して」。諸人《もろびと》の舌を断ち切って、ということは、天下の人に一言も文句を言わせない、ということです。「坐断して、作麼生《そもさん》か道《い》わん」。天下の人の誰にも文句を言わせない、口出しさせないような、そういう一句をどう言うか。「且《しばら》く道《い》え、是《こ》れ什麼人《いかなるひと》の分上《もちまえ》の事ぞ」。まあ、言ってごらん。これはいったい、どのような人の分上の事なのか、と言っております。

これはもう決まっている、というのです。今日の主人公の巴陵顥鑑禅師だ。この人をおいていない。そんなことをできるのは、この人をおいていないぞ、と大いにこの顥鑑禅師を持ち上げているわけです。

「試《こころ》みに挙《こ》し看《み》ん」。試みに一例挙げてみよう。非常に持ち上げて、顥鑑禅師の登場となるわけです。

「銀椀裏に雪を盛る」

「挙す。僧、巴陵《はりょう》に問う」。あるお坊さんが、巴陵禅師に問いました。「如何《いか》なるか是れ提《こ》婆《だい》宗《ばしゅう》」。提婆宗というのはいったいどのような宗旨なのでしょうか。そう問いますと、「巴陵云く」、巴陵禅師が答えるわけです。「銀椀裏《ぎんわんり》に雪を盛る」と答えたというわけです。銀のお椀の中に雪を盛る、降りたての雪を盛る。真っ白な穢れのない雪を盛る。これが巴陵禅師のお答えだったわけです。

頌で見ます。「銀椀裏に雪を盛る」、それ以上の意味も説明も解説もできないところだと思いますので、頌の方で見ていきます。「老新開《ろうしんかい》」、「老」というのは、尊敬の意味を込めて時折使われます。「新開」、新開院というお寺に住んでおられた。顥鑑禅師のことですね。「端的に別なり」。端的です。そのものずばり。どんな切り端をとっても正しい。どの一言をとっても格別だ。他の人とは違う、というそんな感じです。

その端的ですが、そう言わしめたのが、「銀椀裏に雪を盛る」というこの答えです。この答えに対しまして、雪竇禅師は「端的《たんてき》に別《べつ》なり」。「解《よ》くぞ道《い》えり、銀椀裏に雪を盛ると」。よく言ってくださった、「銀椀裏に雪を盛る」と、とこういう感じです。例えば、『碧巌録』第二則に「至道無難《しどうぶなん》」という語句がありました。「至道」は難しくない、「無難」ですから。そして、雪竇さんは「至道無難、言端語端」と詠っております。「言端語端」です。この端が端的の端ですね。そして言、端、語、端で言語となりますよね。ですから、至道は難しいことはない、言葉の端々が至道だ、と言っております。

しかしこの、「無難」ということに関してはどうでしょうか。言端語端、言葉の端々まで、どんな言葉も至道だと言われるわけです。ですから、「おはようございます」というのも至道だということになります。

しかし、「おはようございます」というのと、「銀椀裏に雪を盛る」というのとではどうでしょう。だいぶ違いますよね。ここら辺に言葉の使い方の何とも絶妙な、提婆宗の宗旨というものがあるのかもしれません。「解《よ》くぞ道《い》えり」、誰もが言えることじゃないぞ、「銀椀裏に雪を盛る」ということで答えたということは。

「九十六箇《きゅうじゅうろっこ》」、九十六派の外道の人、ということです。昔のインドでのことです。「九十六箇応《まさ》に自知《じち》すべし」。この「銀椀裏に雪を盛る」という答えを聞いて、もうそこで九十六派の外道の皆さんは、ハッと自ら気が付かないといかんのだ、と言うわけです。気が付かないのだったら、真剣に道を求めていると言わさんぞ、とこういう感じです。真剣に本当に真理を求めて、哲学なり宗教なりをやっているんだったら、「銀椀裏に雪を盛る」という一句で自知すべきである。自知できなければもう遅い、まどろっこい、というわけですね。

どうしても分からないと言うんだったら、「知《さと》らずんば」です、「却《かえ》って天辺《てんぺん》の月に問え」と言っております。「提婆」というのは、「天」ということだそうです。そこで「天辺の月に問え」と言ったのかもしれませんが、そうでないかもしれません。そのあたりが評唱に出ているんですが、どんなことを言っているのか、ちょっと読んでみます。

提婆尊者と外道の問答

この迦那提婆尊者の、外道の人たちとの問答の仕方を、圜悟《えんご》禅師が評唱に述べています。「西天にて」、インドですね、「西天にては、論議せんと欲せば須く王勅を奉じ」、王様のお許しを得なければいけない、ということです。「大寺の中に於て鐘を聲《な》らし鼓《こ》を撃って、然る後に論議す」。先ず、王様のお許しを得ることが大事だと。私は刑事ドラマが好きなのですが、人を逮捕するには先ず、裁判所の逮捕状が必要ですよね。先ず王様のお許しを得なければならない。勝手には論議できない、そして大寺の中でやらなければならない。皆さんの前でやらなければならない。鐘を鳴らし太鼓を叩いて、しかる後に論戦をするんだ、ということです。

「是《ここ》に於て外道は僧寺の中に於て鐘鼓を封禁《ふうきん》し、之《これ》が為に沙汰す」。それを聞いて、外道の人が大寺の鐘や太鼓を封印してしまった。鳴らせなくしてしまった。「時に迦那提婆尊者、仏法に難有るを知る」。提婆尊者は、わざわいが及んだと。論争をしなくなったら仏法は亡びる、ということでしょうね。どうしたかといいますと、「遂に神通を運《めぐ》らし、楼に登り鐘を撞いて外道を擯《しりぞけ》んと欲す」。楼に登り鐘を打って、外道たちを集めて論争しようとするわけです。

「外道遂に問う。楼上に鐘を聲《なら》す者は誰ぞ」。登れないようにしていたのに、楼の上で鐘を叩いているのは誰だ、鐘を撞いているのは誰だ、というのですね。「提婆云く、天なり」。提婆というのは天という意味だそうです。自分だ、と言ったようでもあり、天だと言ったんでしょうか。そこで「外道云く、天とは是れ誰ぞ」、天とはいったい何ものか。そうすると、「婆云く、我なり」。迦那提婆ですから、俺のことだ、と。「外道云く、我とは是れ誰ぞ」。我と言ったってわからない、我とは誰なんだ、と。「婆云く、我とは是れ爾《なんじ》なり」。今度は、儂《わし》はお前だ、とこういうわけです。面白いですね。「外道云く、爾とは是れ誰ぞ」。

お前とは誰のことなのか。「婆云く、爾は是れ狗なり」。分からないか、なら言ってやろう、お前は犬だ、とこういうふうになっていく。「外道云く、狗とは是れ誰ぞ」。犬とは誰のことか。「婆云く、狗とは是れ爾なり」。犬とはお前のことだ、と。

「是の如くすること七返」、七返繰り返したというのです。「外道自《みずか》ら負墮《まけたる》を知って、義に伏して遂に自ら門を開く」。七返こういうことを繰り返して、とうとう音を上げて外道は負けを認めたそうなんであります。それで、門を開いて提婆を下へおろすわけですが、「提婆是に於て楼上従《よ》り赤旛《しゃくばん》を持ちて下り来る」。赤い旗を持っておりてきました。赤い旗をかざして、その下で問答をする、勝負をする、論議をするという慣わしだったそうです。

「外道云く、汝何ぞ後《しりぞ》かざるや」。ということは、提婆尊者が前を歩こうとしたからでしょうか、後からついて来い、と。すると「婆云く、汝何ぞ前《すすま》ざる」。お前は何で前を歩かないのか、と。「外道云く、汝は是れ賤人」。お前はなかなか人の悪い奴だな、と言うと、それに返して「汝は是れ良人」。お前さんは善人だな。「是の如く展転酬問し、提婆折《くじ》くに無礙之弁を以てし、是に由て帰伏す。時に提婆尊者、手に赤旛を持つ。義墮《お》つる者は旛下に立つ」。その負けた者はその赤旛の下に立たせられる。「外道皆な首を斬って過を謝せんとす」。首をちょん切るんじゃなくて、首を傷つけまして、血を出すくらいにして負けを認めるということです。「時に提婆、之を止めて」、それはしないでいいと言って、「但《た》だ化して」、その代わりに、「髪を削って道に入らしむ」。仏道に入らせた、というわけですね。「是に於て提婆宗、大いに興る」。そういう因縁があるわけです。

どうでもいいようなことを言っているようなんですけれども、やはり室内で苦しみますと、この問答がもの凄く興味津々な問答になってくるんです。おそらく、何を言っているんだという気持ちで、皆さん聞かれたと思うんですけれども。

例えば、「天龍の峨山《がさん》か、峨山の天龍か」と言われました、峨山禅師という方がいました。明治の人ですけれども、若くして亡くなりました。滴水《てきすい》禅師のお弟子さんです。その峨山禅師が、おそらく滴水禅師に言われたんだと思いますが、山岡鉄舟さんを四谷の道場に尋ねて行くわけです。京都からはるばる東京へ出て行くわけです。今はそれほど大変ではないですけど、明治の時代なので行くだけで大変だったと思います。

そうしますと、何か時間帯が悪かったのか、お弟子さんが誰もいなくて、玄関に、鉄舟翁自身が出て来たということです。そして、出て来た時に鉄瓶を提げて出て来た。そして、「おう、あんたか」ということになって、おそらく顔見知りだったと思いますが、初対面だったかもしれません。来意を告げますと、まあ上がれということになって、先に立って行った。

何で退かないのか、と外道が言って、提婆尊者の方は、何で前を歩かないのか、と言った。この場合は鉄舟翁が前を行って案内したわけです。その時どうしたことか、鉄瓶を玄関に置いたまま、鉄舟翁はさっさと前を歩いて行ったというんですね。もちろん、玄関に迎えたのですから、鉄瓶をちゃんと置いて、そして相対したのかもしれませんね。そして行く時に、その鉄瓶を置いたまま行ってしまった。その後を峨山禅師はついていくんですけれども、その時鉄瓶を持っていくんです。どうでしょうか、これは。

これはやはり、一つの素晴らしい働きだと思います。鉄瓶をそのままにして、自分だけついていくということも可能だと思います。しかし、何も言われないままに、峨山禅師は鉄瓶をひょっと片手に持ちまして、そして後をついて行きます。それが有名な逸話になったんでしょうね。無文《むもん》老師に『碧巌物語』という素晴らしいご本がありますが、その本の表紙に、小杉さんという方の絵で描いてあります。それがこれなんですね。「まあ、上がれ」。というので、その道場の主人から、峨山さんは上がることを許されたわけです。

峨山さんは鉄瓶を持って行った。これはどういうことか。これは、この問答でいいますと、「汝は鉄瓶だ」ということで、峨山にしてみれば、自分だけが自分じゃないんです。その鉄舟翁が持ってこられて玄関に置いたその鉄瓶が、また自分であるわけなんです。「汝とは何だ」「犬」と出て来ましたけれど、犬が汝なんですね。そして、犬が我なんですね。そういう自由さ、自分だけが自分なのでない。全てのものが自分であるという、そういうところを「偏正回互三昧《えご》」といいます。ですから、こういうのを見ると本当に面白いと思います。やはり深いわけです。「知らずんば却って天辺の月に問え」。天におられるお月さんに問うてみよ。

「提婆宗、提婆宗」。ああ、提婆宗、提婆宗、と讃歎しているわけです。そういう宗旨です。「赤旛《しゃくばん》の下清風を起す」。赤い旗を立てて論争するのですが、その下での論争は決して無意味なものではない。仏眼も窺い難い深々たるところをやっているんだ。魔外も測ることの難しい密々たるところを論じあっているんだ、というわけです。何とも爽やかな風を起こして。

雲門宗は「紅旗閃爍《こうきせんしゃく》」と言うんですね。赤い旗です。赤い旗が、山の中程にひらっと閃いている。これは赤旛を思い出しますよね。そこに人がいると言うんでしょうね。あるいは茶店があったのかもしれませんね。どんな茶店があったのか、どんなお人がいたのか分からないけれども、山の中腹に赤い旗が閃いている。そんな宗旨を雲門宗といったということです。

禅は不立文字――虚空に出る

そこで、最後に一つだけ言いたいことがあります。しかしあくまで、禅は「不立文字《ふりゅうもんじ》」です。言葉ではありません。ですから、いかに雲門宗が言葉の妙を尽くした宗旨だとしても、それだけではないと思います。それだけでしたら、達磨宗にはなりません。達磨宗ははっきりと不立文字。言語ではないぞと、このことも評唱の中に出ているんですけれども、馬祖大師の言葉で、次のように圜悟禅師は語っています。

「馬祖云く」、馬祖禅師がおっしゃった。『楞伽経《りょうがきょう》』というお経がありまして、「楞伽経は仏語心を宗と為し、無門を法門と為す」。『楞伽経』です。達磨さんが非常に大事にしたお経だと言われております。そのお経の中で、「仏語心を宗と為し」、宗とするのは何かと言うと、「仏語」じゃないんだということですね、「仏語心」、仏語の心だ。仏語そのものではない。「銀椀裏に雪を盛る」という言葉そのものではない。そこに盛られた心だというわけです。巴陵禅師がその言葉に託した心だ、とこういうわけです。そして法門は何かと言うと、「無門」だと。門がない、とこう言って、「また云く、凡そ言句有れば是れ提婆宗」。これはお経の言葉ではなく、馬祖大師のお言葉です。馬祖大師が、「凡そ言句有れば是れ提婆宗」と言うことは、提婆宗がいかに言句に勝れていたかということですね。そしてここからが大事です。「只だ此箇《しこ》を以て主と為す」。「此箇」です。こいつをもって主となすと。問題は、この主となる「此箇」ですよね。「此箇」とはいったい何か。言葉が主人公ではないんだということですね。「此箇」が、こいつが主人公なんだ、というわけです。

それで、この「此箇」というものの一つの説明の仕方で、あくまで説明の仕方ですから、これがそのものとは言えませんけれども、『碧巌録』の中に圜悟禅師が下語《あぎょ》という短い語をつけているわけです。そして、雪竇さんは頌をつけています。頌というのは詩《うた》です。何とも言葉として表現しにくいところを何とか表現しようとしたら、やはり詩の方が表現しやすいのだと思います。

では、なぜ評唱という散文よりも詩の方がいいかと言いますと、詩には詩情というのがあります。余韻や余情もあると思います。散文の場合は、言葉でピタッと言ってしまって、余情の面では詩には敵わないと思うんです。ところが、その詩に含まれるそういう詩情といいますか、余韻といいますか、余情といいますか、それをも残らず消してしまうんです。せっかくあるそれらをも一度は消し去らなければいけない。消し去って、虚空の如き限りない開けへ出ていくんだと。地水火風という四大でできている私たちの形ある肉体を、余分なものを削げ落として行くんです。

詩で言えば、とても大切な詩情をも落として行く。落としてどこへいくかと言えば、それによって、初めて空という世界へ到達することができると思うんです。十牛図の第八図を思い浮かべてください。何もないですよね、円相が描いてあるだけで。だからあそこでは、詩の調べもだめだということです。一度何もないところまで踏み落としていきます。そして、すべてよりもさらに広大な、虚空とでもいうような開けへ出ていくんです。「空開」というところです。

空に一度開けまして、今度は、何もない虚空、これは円相を包む虚空だと思ってください、その何もない虚空が逆に、全てを包んで一句を打ち立てるんです。一つの言葉。それが「銀椀裏に雪を盛る」ことだと思ってください。ですから、一度どうしても空の世界へ開ける。これは虚空ですから、一円相すらない。そこから今度は逆方向へ、「色即是空」と出ましたら、今度は「空即是色」ですから、色に帰って来るんですね。虚空が全てを含んで、その全てを含んだままに一句となって、ここに帰って来る。それが提婆宗だ、ということだと思います。だからこれがないと、どんなに綺麗な言葉を並べたとしても、提婆宗とは言えない。

臨済禅師はそのあたりの動きを先人の十二文字で言い表しています。「展《の》ぶる則《とき》んば法界に弥綸《みりん》し」、大きくなる、展ぶるときは乾坤に弥綸し、「収《おさむ》る則《とき》んば」、今度は収むるとき、小さくなる時は「糸髪も立《りっ》せず」、髪の毛一本立つ余地もない、スーッと収まっていく。これが私たちの心法だ、心の働きだと言っています。

一度空に出ます。そして空に出て空をも超えて、空のまた空というか、虚空に出て、その何一つないところから、今度は逆に色にとって帰る。その時に一つの言句となって帰ってくる。それが提婆宗だ、そういうふうに思っていただけたらどうであろうかと思うわけです。これがないと提婆宗とは言えない、と思うわけです。

俳句も短歌も、おそらく知らず知らずそういう働きをなしているんですね、句や歌を作る人は。そこにやはりいい詩《うた》ができるのではないでしょうか。ごたごたした世の中で、そのごたごたした世の中を詠っているのですけれども、どこかで一度そのごたごたを清算した大虚空の如き広やかなところに出て、そこからまたこの世界へ帰って来て、詩を作っていただけますと、どうでしょうか。

公案の拈提はそうですよね。わけのわからないものがぶっつけられるわけです。それをどう解くかというと、一度その虚空へ出ていくわけです。それが数息観《すうそくかん》です。趙州の無字です。ですから、一時間坐禅するのだったら、五十五分は趙州の無字を拈提しろ、と。それで無になりきったところから、今度は本参の話頭の工夫になります。今日はいい天気でありますけれども、夜空にいくつ星が出ているか数えてみろ、と答えられないようなことを問題として出されます。無字になりきったところから、どうやって数えるか、ということです。

雲門禅師の対一説――第一四則「雲門対一説」

【本則】挙《こ》す。僧《そう》、雲門《うんもん》に問《と》う、「如何《いか》なるか是《こ》れ一代時教《いちだいじきょう》」。雲門云《うんもんいわ》く、「対一説《たいいっせつ》」。

【頌】対一説《たいいっせつ》、太《はなは》だ孤絶《こぜつ》。無孔《むく》の鉄槌《てっつい》重《かさ》ねて楔《くさび》を下《くだ》す。閻浮樹下《えんぶじゅげ》笑《わら》うこと呵呵《かか》、昨夜驪龍《さくやりりょうつの》角を拗《へ》し折《お》らる。別《かくべつ》なり、別《かくべつ》なり。韶陽老人《じょうようろうじん》一橛《いっけつ》を得《え》たり。

「僧、雲門に問う」

本則は垂示が欠けております。「挙《こ》す。僧《そう》、雲門《うんもん》に問《と》う」。ある僧が、雲門禅師に問われたということです。「如何《いか》なるか是《こ》れ一代時教《いちだいじきょう》」。お釈迦様のお説法ですね。一代で、一般には四十九年かけてと言いますが、説かれましたお経とは、いったいどのような事柄なんでしょうか。一生かけてお説きになりましたお経、それを今一言で言っていただけたら、どんなことになるでしょうか、というたいへん答えにくい質問をされたわけです。

それに対しまして雲門禅師が答えましたのは、「対一説《たいいっせつ》」と、こう答えられたということです。

そこを雪竇禅師が詠っているわけですが、「対一説」、これは雲門禅師の答えですね、「太《はなは》だ孤絶《こぜつ》」と、こういう批評を下されています。はなはだ孤絶である。「孤」というのは孤独の孤ですね。独りぼっちということだと思います。しかし、この独りぼっちは単なる独りぼっちではないわけです。はなはだ孤で絶している、人を絶っているということでありましょうか。人間の思いを絶しているというのでしょうか。

お釈迦様のお教えを、お釈迦様の道を歩む者を僧伽《そうぎゃ》といいます。一般に、お坊さんのありようを社会外存在と言う時があります。社会の外に生きている人たちなんだと、社会とは関係なく生きている人なんだと、いい意味で言ってくれるわけです。孤絶の「絶」というのは、人間としてこうありたい、こうしたいというような思いを、全然受け付けないということに響くわけです。そしてその上に「孤」という字が付いているわけです。「孤」

というのは独りぼっちということですね。しかしこれは、独りぼっちで、そして何もかも絶っているという、お釈迦様がお生まれになった時、「天上天下唯我独尊」と言われたことにずっと続いて行くんだと思います。そういう、「太だ孤絶」ということだと思います。

しかしそれに尽きないわけです。「無孔《むく》の鉄槌《てっつい》重《かさ》ねて楔《くさび》を下《くだ》す」と、雪竇さんはこう続けて詠い上げております。「鉄槌」、鉄の塊ですね。金槌ということですが、それに柄がない。孔《あな》がない鉄槌ですから、それに柄を付けようがない。その孔のない鉄槌の塊を「重ねて楔を下す」。楔というのは、細長い棒状のようなものだと言うのですから、その鉄槌に孔を開けて、そこに柄を通したという感じになると思います。

「無孔の鉄槌」。問うた方の、「如何なるか是れ一代時教」、これもなかなか答えにくい。無孔の鉄槌だ。そこへ雲門禅師は、孔を開けて楔を打ち込んだということは、柄を付けましたから持ち上げやすいでしょうね、大力量がいるのでしょうけれど。そして、柄を付けて振り下ろしたようなものだ。問いもなかなかのものだけれども、その答えたるや、もう何とも言えない答えだと、こう言っているんだと思うのです。

そしてどうなったかといいますと、「閻浮樹下《えんぶじゅげ》笑《わら》うこと呵呵《かか》」と続いております。閻浮提というのは、私たちが暮らしている島です。昔の考えで、須弥山が中央にありまして、それを囲んで海があり山があるというわけです。海が先ずあり、そして陸地がある。その南方に閻浮提という島があって、そこに我々が住んでいるという。閻浮樹というのは、天地一杯に葉を茂らせて咲き誇っているそうですが、その木蔭で「笑うこと呵呵」、呵々と笑っている者がいる、と続いて行くわけです。

お釈迦さまの対機説法

先ず、問いと答えを見直していただきたいわけなんですが、問いは「如何なるか是れ一代時教」ですね。それに対しまして、雲門禅師の答えは「対一説」という答えでした。これは答えになっているんでしょうか、どうでしょうか。僧の問いに対する答えとしてふさわしいんでしょうか。いかかでしょうか。問いは一代時教です。普通に解釈しますと、一生かけてお釈迦様がお説きになりましたご説法、肝心要のところはどんなものでしょうか、と。これは禅門にも引き継がれておりまして、「如何なるか祖師西来意《そしせいらいい》」などですね。はるばる達磨さんがインドから中国へ来られた、そのお心はいったいどんなものでしょうか、ということです。

そういうなかなか難しい問いに対しまして、雲門禅師は「対一説」とお答えになっております。これは答えになってないと思うんです。だけど、見事に答えていると、こうも言えるんだと思います。ですから、質問した僧は唖然としたと思います。思ってもみなかった答えが返ってきたんです。返ってきたんでありますが、その後で雲門禅師のお心を汲み取ってもらえたのではないかと思います。しかし、答えそのものは僧が思ってもみなかった形で返ってきているわけです。

それはいったいどういうことか。「対一説」ですよね。対して一説するということだと思います。ですから、この人この人、一人ひとりの質問者に向かい合ってお答えする、いわゆる対機説法というものです。それをここで持ち出して言われたんだと思います。そしてこれが本当にお上手なんですね。お釈迦様は本当に対機説法がお上手だと思います。お釈迦様は、最初の頃は上の方から説法されたと思います。それが四十九年かけまして、一言で言うと、上からの説法ではないんですね。対機説法、質問者の心そのものになって答えてくださったということです。

これが素晴らしいと思うんです。一つ例を挙げますと、こういう話があります。お釈迦様の国の隣の大国の女王様のお話です。ある天気のいい日に庭を散歩されていたそうです。私は幸せだ、とつくづく思われたそうです。自分ほど幸せな者はいないだろう、と。ところで、その幸せな自分は、誰がいったい一番大切なんだろう、とふと思ったそうです。そうしたら、女王様の結論は、自分自身だということなんです。でも、ちょっと首をかしげるわけです。これでいいのかしらと、ご主人である王様のところに行くわけです。そして、かくかくしかじかでした、私は、結局何が一番大事かというと、この幸せをからだ一杯に感じている私、自分自身が大事だ。そういう私でいいんでしょうか、と王様に聞くわけです。

王様も誠実な方だったと思います。王様も考えます。そして、自分もそうだと。自分も、自分自身が一番大事だと。二人で顔を見合わせまして、でもこれでいいんだろうかということで、二人連れだってお釈迦様の前に行くわけです。そして、かくかくしかじかでした。私たちは本当に幸せを満喫しておりますが、幸せを満喫している私たちが一番大事なものはなにかというと、私自身だ。これでよろしいのでしょうか、と相談します。

すると、お釈迦様は、いいんだと、こう言ってくださるんです。これがありがたいところです。お釈迦様の素晴らしいところだと思います。だけどそこで止めないんですよね。それでいいんだ、それでいいんだけれど、自分自身が一番大事だというのは、あなた方二人だけではないんだ。みんなそうなんですよ、と諭すわけです。みんなみんな一番自分が大事なんだ、可愛いんだから、人を害してはいけないよ、とこう言うんです。

人を傷つけちゃいけない。みながみな自分が大事なんだから、自分を大事にしているんだから。あなた方二人が自分を一番大事にしている。それはいいでしょう。だけど、そうであればあるほど、それはあなた方二人だけの真実ではないんだ。他の人を傷つけてはいけない。精神的にも肉体的にも傷つけるようなことはしてはいけない、と諭してくれたんですね。これが当に「対一説」だと思うんです。お二人の国の最高権威者に対して、そういう対し方をしておられるんです。

これは本当に素晴らしいと思います。私どもはこういう対し方ができません。どちらかというと、上からぱーっと言ってしまいます。だめだ、と言ってしまう。だけど、お釈迦様がそのように変わりました。それと同じように、お寺に一年目で入ってくる新到《しんとう》さんは、まるっきり何も分かっていないで入ってくるんです。ところが、何年か経ちますと、お釈迦様ほどには変われないにしても、やはり変わっていくということだと思うんです。

龍の二本の角

そこで、もう一度頌を読み直してみます。「対一説」、これは雲門禅師のお答えです。「太だ孤絶」。これは質問よりも難しい答えである。質問の方は何とか答えられる。だけれども、この雲門禅師の「対一説」という答えは、もう人を寄せつけない、と言うんです。

そういう凄さを示しているというわけです。そこをまた言い直しますと、「無孔の鉄槌」。これは、「如何なるか是れ一代時教」ですよね。その「如何なるか是れ一代時教」という「無孔の鉄槌」に対して、そこに孔を開けて柄を付け、そしてその重たい鉄槌を持ち上げて打ち返したようなものだ、と。これは柄が付いているだけに、問いよりもきついですよね、その鉄槌で打たれたら。問い以上の重みのある答えを出された。

「閻浮樹下笑い呵呵」。そうして、この私たちの住む南の島にある閻浮樹下。この閻浮樹というのは、先ほども言いましたように、天地一杯に繁って枝を伸ばしているといいます。ですから、木蔭もあり、涼しいわけであります。「閻浮樹下で笑い呵呵」、呵々として笑っているのは誰か、という感じです。閻浮樹下で笑っている者がいる。これは雲門禅師のことを言っているのでしょうか。雲門天子とも言いますね。その雲門天子が、閻浮樹下で呵々として笑っている、その笑い声は、天地一杯に響いている。天地一杯に笑い声を響かせて、呵々と笑っておられる。

「昨夜《さくや》驪龍《りりょう》角《つの》を拗《へ》し折《お》らる」。驪龍という龍は、山に千年、海に千年と言われています、老龍です。黒龍、黒い龍だと言われています。そして、首の下の顎《あぎと》というところに宝珠、宝の珠を抱いているんですね。そしてここに出て来るように、二本の角を生やしていると言われている龍です。その龍の角がへし折られた。この龍は僧を例えたんでしょうね。なかなかいい質問をした僧。しかし、雲門禅師の答えによって、角をへし折られたぞ、というわけです。

それに対しまして、「別、別」と言っております。ここには「かくべつなり、かくべつなり」と振り仮名をつけてありますが、こう読むんだということなんでしょうけれども、私たちが「別、別」という時は、別にまだ言いたいことがある。四行で詠い上げましたけれど、そこに収めきれないものがまだある、別にある。その収めきれないものを何とか表してみようというのが、次の言葉です。

どんな言葉がきているかといいますと、「韶陽老人《じょうようろうじん》」、これは雲門禅師のことです。「一《いっ》橛《けつ》を得たり」、一本の角を得ただけだ、というわけです。二本生やしているうちの一本を手に入れただけだ、とこういう言い方を雪竇禅師はしています。これはどういうことでしょうか。後の一本は俺が取った、と雪竇さんは言いたいんでしょうか。分かりませんけれども、そうではなさそうですね。

「韶陽老人一橛を得たり」というところに、圜悟禅師が語を置いています。いわゆる「下語《あぎょ》」ということをされています。語を下しているわけですが、どういう語を下しているかというと、先ず一番最初は、「什麽《なん》の処《ところ》にか在る。更に一橛有り」。雲門禅師は一本は確かに取ったと言うのか、取ったのは一本だけだと言うのか、どちらか分かりませんが、その取ったという一本は今どこにあるのか。そう突っ込んでいるんですね。

そして、「更に一橛有り」。一本だったら、もう一本あるはずだ。「阿誰《あた》にか分与す」。その残した一本は、いったいどうして残ったのか。誰に取らせるつもりか。「徳山臨済も也《ま》た須《すべから》く退倒三千《たいとうさんぜん》すべし」と言っているんですね。徳山、臨済という、禅と言えば徳山、臨済ですよね。「徳山の棒、臨済の喝」と言いますけれど、「也《ま》た須く退倒三千すべし」、三千里の外まで後ずさりをして行かざるを得ないと、こう言っておられるわけです。「那《な》の一橛、又た作麼生《そもさん》」。この一本はどこにあるのか。何のためにとってあるのか。最後に、「便《すなわ》ち打つ」と。何のためにあるのか、と言っておいて、圜悟禅師が自分の持っている竹篦《しっぺい》をここでばしっと打った、とこういう語を置いているわけです。

一橛を得た。それはいいと。一本を得たというその一本はどこにあるのか、と。「更に一橛有り」、更に、というのはその上にと強める時に、更に、と使うわけです。一橛有りを強調したんだと思います。一橛有りと言うけれども、残した一橛は誰に分け与えるつもりか。結局、分け与えるということは、叩くと言うことです。だから、徳山、臨済は承知しているわけです。だからもう、三千里の外に退いてしまう。棒の届かないところへさっと退いてしまう。徳山、臨済をも三千里の外へと追いやるような「那の一橛」、その一橛は「又た作麼生」、どんなものだ、と言って、圜悟禅師がばしっと叩いたというわけです。

これはどういうことなんでしょう。いろいろ思われるわけであります。ともかく、二本生えている二本とも取らなかった。それがいいことなんだ、と言われる老師さんもおられます。残しておいてもいい、取るのは一本だけで充分だ、と。そして、分捕ったその一本をどう使うのか。私はそういう問いかけだと思います。そして、圜悟禅師自ら使ってみせた、ということだと思います。

「金鎚一丁、煎餅千枚」

無文老師が、『碧巖物語』というういいご本を出しておられるんですね。それは本当に味わい深いいいご本だと思います。大法輪閣から出ておりますので、ぜひ関心のある方は目を通していただきたいと思います。その最後に、いつも和訳していらっしゃるんです。和訳といっても直訳ではなくて、無文老師なりに本歌を変えて詠っているんです。ここは無文老師はどんな詠い方をされているかといいますと、「あら珍しの切り札や」。対一説とは、なんと珍しい切り札を出したことだろう。いったい誰がこの問いに対して、対一説ということを予想しておられただろうか。

そして「金鎚《かなづち》一丁、煎餅《せんべい》千枚」と続けております。これは、無文老師は天龍僧堂で修行されたんですが、ほぼ同じ時期に修行された方に、大森曹玄《おおもりそうげん》老師という方がおられました。その方がこう言われたそうです。「大森の金鎚一丁、焙烙《ほうらく》千枚」。大森曹玄老師は、無字を通るのに六年か七年かかったわけです。武道もやられた方ですから、元気があったんだと思いますね。

お師匠さんは、精拙《せいせつ》老師であります。無文老師のお師匠さんでもありますね。それで精拙老師が、「大森さん、それでいいか。あんたがそれでいいんだったら通すぞ」、と常々言われていたそうです。なかなか難しいですよね。ですから、本当に熟して熟して熟しぬいた上に通ったんですね。

そうすると、いわば金鎚を手に入れたようなものなんでしょう。そして、金鎚で焙烙を割るような。これは楽ですよね。ですから、金鎚は一丁で、焙烙は千枚。千枚でも万枚でも割れるというようなことです。そういうふうに、次から次に、与えられる拶処《さっしょ》なり公案なりを見事に割っていった、といいます。

「あら珍しの切り札や」。この「対一説」というところに心を置いて、そして僧の質問ともう一度ダブらせて、見ることが大事なんだと思います。お釈迦様の一代時教というのはどういうものか。いろいろなことをおっしゃっている。いろいろなことをおっしゃっているというか、この世でお経に書いていないものはない、とまで言うんです。そのくらいのありとあらゆることを、お経というのはお釈迦様のお言葉ですから、お釈迦様は語っているということになっています。

それと、「対一説」。お釈迦様の対の出所です。その出所をかみ合わせて味わっていただくということが大事だと思います。それはどういうことかと言うと、「対一説」ということだけで、後は何も語っていないんです、雲門禅師は。それが「重ねて楔を下す」ということだと思うんです。何も語ってくれていないんです。こうだ、と何か一つでも、これが一番大事なことだ、ということを語ってくれればいいんですけれども、説法そのものについては何も語ってくれていないんです。ただ、相手の心と一つになる、ということだけを語ってくれている。相手の苦しみ悩みと一つになって、相手の苦しみ悩みを自分の苦しみ悩みとして答える、ということです。それで、答えの方は全然示してないわけですから、相手の心と心が一つになることは分かっても、どう答えればいいのかの具体的なヒントは全然くださっていないんですね。

しかし、これが「金鎚一丁、煎餅千枚」なんだ、というわけです。例えば、こういう時はこう答えなければならないなんて、どうでしょうか。窮屈ですよね。とらわれてしまいますよね。それよりも、自由に任せてくれればいいんです、本人に。ただ、これだけはあしてくれよ、と。相手と一つになって、相手の苦しみ悩みを自分の苦しみ悩みとして、ともに苦しみ悩むところから答えなさい。これが、「金鎚一丁、煎餅千枚」。

その次には、「笑いどよめく春日山」。奈良の春日山なんでしょうね。「角を折られて鹿群あわれ」。鹿の群れですね。鹿の群れが角を折られた。いわゆる不幸を詠っております。「笑いどよめく春日山」ですから、春でしょうか。陽気のいい春日山には笑いがどよめいている。しかも、角を切るその行事を見ているのでしょうか。「角を折られて鹿群あわれ」。鹿はあわれなんだけれども、しかしそれで鹿が死んでしまうわけではないんですね。

「さて」と。「別、別」のところを「さて」で置き換えているんです。「さて、大仏様には何あげよう」。大仏様にはいったい何をあげようか。鹿から折って奪ったその角をあげようか。ここは難しいところですけれども、間違って受け取らないように気を付けていただきたいと思います。例えば、「韶陽老人一橛を得たり」のところです。そこを、無文老師は「大仏様には何あげよう」と言っているわけです。

そして、圜悟禅師がここに語を置いて、「徳山臨済も也た須く退倒三千すべし」と言っております。いわゆる、徳山、臨済も、徳山、臨済でなくなってしまうところなんです。「徳山の棒、臨済の喝」という、威勢のいい姿を消し去るところなんです。それを詠っているんです。ですから、「大仏様には何あげよう」と詠っていますけれども、大仏様も大仏様でなくなるところです。

お釈迦様は最初は道で出逢った人に対して、上からの説法なんです。そこが問題なんですよね。だから、大仏様が大仏様である限り、我々との関係は上下関係になります。徳山や臨済が徳山や臨済である限り、やはり上下関係になるのではないでしょうか。こちらはひたすら棒をいただき、喝を浴びせられるだけの関係になります。ところが、お釈迦様の説法はそうじゃないんだ、と雲門は言うわけです。「対一説」だ、相手の心そのものになって答えるんだ、ということです。だからこの時は、大仏様が大仏様でなくなるんです。徳山禅師や臨済禅師が、徳山禅師や臨済禅師でなくなるんです。そこから答えて言うんだ、とこういうことです。

鹿の角を切り落としました。その切り落とした角を大仏様に差し上げようか、というのではないですよね。そんなことは論外のところだと思います。対一説というのは、あくまでも相手を大事にしている立場です。相手を大事にしている。そして自分を無にしているわけです。自分を無にして相手と一つとなるところ、それが対一説ということです。ですから、仏様が仏様でなくなるところ、祖師方が祖師方でなくなるところ、目の前にいる人と一つになるところです。

「人を奪って境を奪わず」

それを別の言い方で、臨済の言葉で言いますと、「奪人不奪境《だつにんふだつきょう》」、人を奪って境を奪わず、と言います。奪人です。仏様といえども仏様でなくなってしまうところ、奪われてしまうところ。例え祖師方が現れ出ても、祖師方が祖師方であるという地位を奪われてしまうところです。そして、境を奪わない。凡夫である私たちと全く一つになっていく。それを「奪人不奪境」と言うわけです。

仏様や祖師方が、自分をなくしてまで私たちに付き合ってくださることによって、私たちが変えられるわけです。それがなければ意味がありません。私たちが、いわゆる凡夫でなくなるところです。凡夫でなくなるということは、聖人になることかというと、それもまた違うと思いますけれど、同じようなものですね。凡とか聖とか、そういうことはどうでもいいんだという。第三の問題なんだ、と。凡とか聖とかを超えて大事なものは何か。その大事なものを見いだせるところ、それが「奪人不奪境」です。それを仏様や祖師方がしてくださるわけです。

こんな思い出話をお聞きしました。戦争から帰ってきて、国鉄の電車に乗って神戸駅に着いたと。故郷です。そこから見上げると、祥福寺の多宝塔が見えた。そうしたら、本当に生き返った気がしたと。それまでは不安な心で帰ってきたわけです。ところが、帰ってきて小さい頃から見慣れた多宝塔をあおぎ見た時、本当に生き返った、と言われました。ですから、疲弊した人の気持ちを癒やしてくれるわけです、生き返らせてくれるわけです。「国破れて山河在り」です。「城春にして草木深し」という句もあります。そういう境が人を生き返らせてくれる。いわゆる、疲れ果てたへとへとの我々を一転して、そこから一気に甦らせてくれる。煩悩妄想を奪い尽くして、そしてそこから一挙に生き生きとした人間として生き返らせてくれるもの。それを「奪人不奪境」というんですね。

ですから、「如何なるか祖師西来意」、達磨さんがはるばるご老齢にもかかわらず、インドから中国へ渡って来られたお気持ちはどんなものなのか。それに対して趙州和尚は、「庭前の栢樹子《はくじゅし》」、庭先の栢樹子だと、こう言った。それは、そういう力を持った庭前の栢樹子です。疲れた我々を生き返らせてくれるわけです。

そして、それは決して、私たちとその栢樹子が別だということではありません。庭先に木があって、こちらに私たちがいる限り、私たちを救ってはくれません。私たちがその木を見ることによって、私たちの心を忘れる、煩悩妄想をみんな奪ってくれる、そういうような木であって初めて、私たちを生かしてくれる。あるいは、雲水が無字を拈提して、無字になりきった時にはっと見ると、今までと全く違った、生き生きとした形態を放って木が見える。そういうような働きをもって趙州和尚は答えているんです。単なる客観的な木の話ではありません。

それが「閻浮樹下笑うこと呵呵」ということです。こういう語があります。「一剣天によって寒し」。よく禅語で使うわけですが、一剣なんです。剣が天地一杯。剣ですから、何もかもを切り尽くすわけです。この剣は般若の智慧だと思ってください。般若の智慧で何もかも切り尽くしていく。私たちはつい、私がここにおり、あなたがそこにいるという考え方に慣れて、いつもそうしてしまうんですが、そういう相対的な思いを一剣で切り払っていくわけです。般若の智慧で切っていくわけです。「一剣天によって寒し」。もう天下の名刀、正宗が、村雨が天地一杯にどん坐っている。天地一杯般若の智慧のみ。

今度、慈雲尊者のお寺、南河内の高貴寺さんに行ってくるのですが、その慈雲尊者が言っています。「天これを得て清く、地これを得て安し」と。「一剣天によって寒し」という、これによって、天が清くなり、清浄であるということで、これは空を思わせます。そして地安らかなり、地も平安である。そして、「仁者亦好み有り」。それぞれ好みがある。それで「儂ならば」といいます。続けて「今ならば」、今で言えば。慈雲尊者という方は、白隠さんよりもちょっと時代が遅れているんです。ですからいろいろ問題はいつの時代にもあるんですけれども、太平の世です、江戸時代ですから。そして、今で言えば、「一碗の茶」だと言うんです。剣なんて物騒なものは引っ込めて、一碗の茶でいいと言うんです。ですから、「剣」のところにはいろんなものが入るんです。今の世は一碗の茶でいいだろう。

「湛えたる茶の色のみか何もかも　空のみどりも海のみどりも」。一切合切が、しかりです。これが「閻浮樹下笑うこと呵呵」ということです。天地一杯に、もう嬉しくて嬉しくて笑わずにはいられない。一碗の茶が私たちを呵々大笑させてくれる。ですから、偉そうにこんなところから言っていますけど、みなさんのほうが、ちゃんとそういうことを実際にやっているのです。みなさんが苦労しながら全身でぶつかっていく、全身で生きていく。そこには必ずこういうことがあるのではないでしょうか。

雲門禅師の倒一説――第一五則「雲門倒一説」

【垂示】垂示《すいじ》に云《いわ》く、殺人刀《さつじんとう》、活人剣《かつにんけん》は乃《すなわ》ち上古《じょうこ》の風規《ふうき》にして、是《こ》れ今時《こんじ》の枢要《すうよう》なり。且《しばら》く道《い》え、如今《いま》那箇《いずれ》か是《こ》れ殺人刀《さつじんとう》、活人剣《かつにんけん》。試《こころ》みに挙《こ》し看《み》ん。

【本則】挙《こ》す。僧《そう》、雲門《うんもん》に問《と》う、「是《こ》れ目前《もくぜん》の機《き》にあらず、亦《ま》た目前《もくぜん》の事《じ》にも非《あら》ざる時《とき》は如何《いかん》」。門云《もんいわ》く、「倒一説《とういっせつ》」。

【頌】倒一説《とういっせつ》、分一節《ぶんいっせつ》。同死同生君《どうしどうしょうきみ》が為《ため》に訣《けっ》す。八万四千《はちまんしせん》は鳳毛《ほうもう》に非《あら》ず、三十三人《さんじゅうさんにん》虎穴《こけつ》に入《い》る。別別《かくべつ》なり、別別《かくべつ》なり。擾擾《じょうじょう》忽忽《そうそう》たり水裏《すいり》の月《つき》。

殺人刀、活人剣

なかなかややこしい、難しいところです。垂示から見てまいります。いろいろ読み方があるのですが、通説はこれは「殺人刀《さつじんとう》」と読みますね。そして「活人剣《かつにんけん》」、こういう読み方をします。「殺人刀、活人剣は乃《すなわ》ち上古《じょうこ》の風規《ふうき》にして」。古い、神代の昔からの「風規」ですから、自然といつの間にか出来上がった決まりにして、また、「今時《こんじ》の」、現代の、今の世にもなくてはならない大事な要《かなめ》である、というのです。

問題は、「殺人刀、活人剣」ということで、いったいどんなことを言おうとしているのか、ということです。何回も同じことを言っているわけなんですけれども、一番わかりやすいのが、やはり『般若心経』の「色即是空、空即是色」という図式だと思います。ここに描いた図では、色を下に描いております。そして空を上に描いております。それで『般若心経』は、「色即是空」、「即」という字ですから、直ちに、ということです。色が直ちに空である。直結します。そしてすぐ打ち返して、空は直ちに色である、というのが『般若心経』の表していることなんですけれども、私たちは、実際にはそう言われても、なかなかそうはいかないのが現実です。

有為の奥山
今日越えて

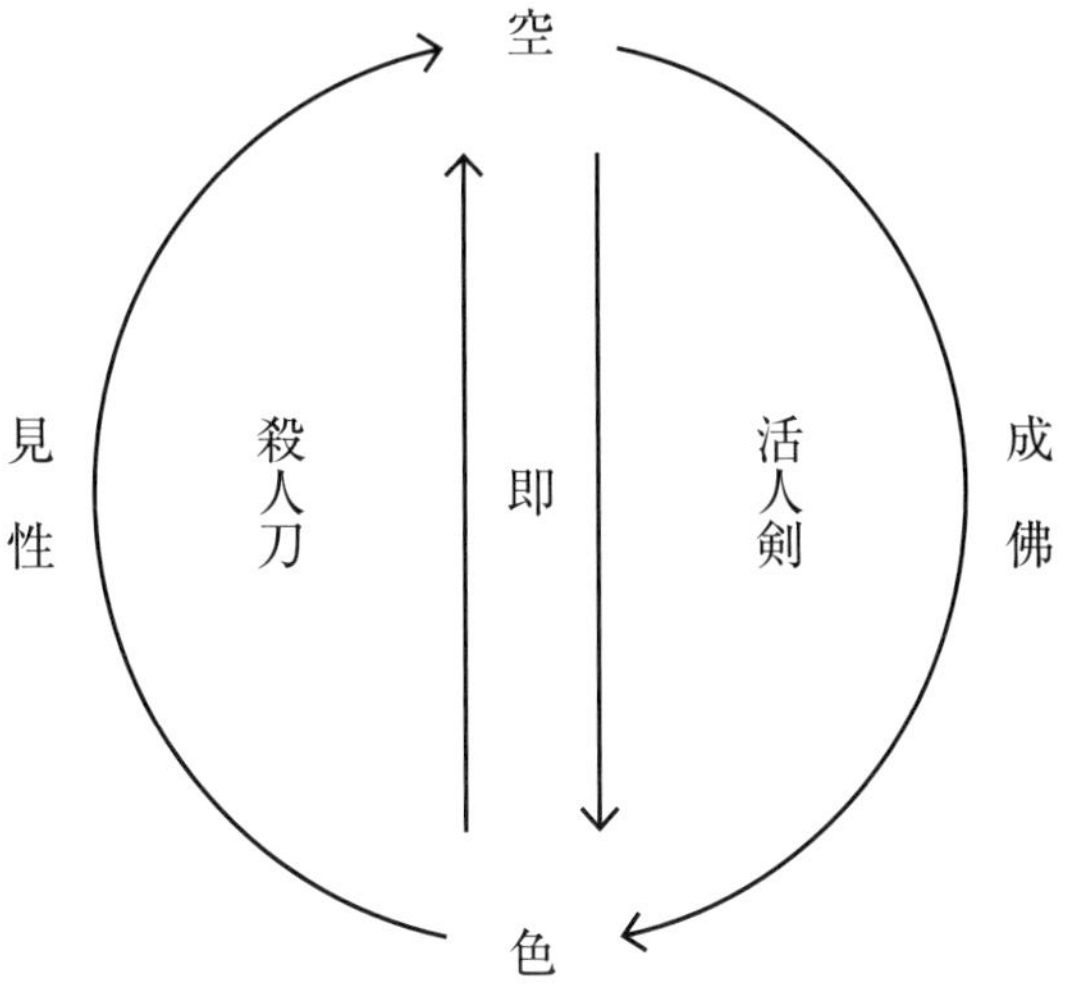

浅き夢見じ酔ひもせず
妙有
菩薩（地水火風空）
衆生（地水火風）
有
色は匂へど散りぬるを
我が世誰ぞ常ならむ

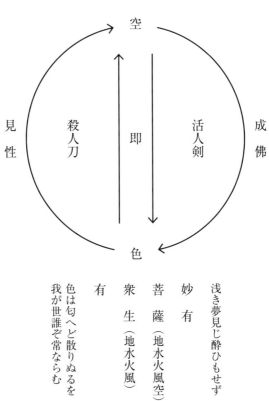

「色」というのは形あるものということで、私たちです。私たちは形があるがままで、即ですから、空なんだ、と『般若心経』は教えてくれているんですけれども、なかなかそうはいかない。そう実感できないわけです。そこで、色から空へ行く、それを「殺人刀」と言っているわけです。殺人刀を揮って、色をばっさりたたき切って、空に持っていくんだ、という一つの方便です。ですから、「色即是空」というところを「殺人刀」と、こう言っているわけです。そして逆に、「空」から「色」へ帰ってくるところ、「空即是色」のところを「活人剣」、こう呼び習わしているわけです。

そうしますと、二本の刀があるようですけれども、そうではないんだ、ということです。刀は一本なんだ。一本の刀を、ある時は殺人刀として用い、ある時は活人剣として用いるんだ。これが禅の考え方で、いわゆる殺活一如《せっかついちにょ》の一本の刀があるだけ、というわけです。それを、ある時は殺人刀として用い、ある時は活人剣として用いるんだ。それが、「上古の風規にして」、神代の昔からおのずから定まった約束事であって、またそれは、「今時の」現代を生きる我々の枢要でもある、なくてはならない要でもある、と垂示は言っているわけです。

「且《しばら》く道《い》え、如今《いま》那箇《いずれ》か是《こ》れ殺人刀《さつじんとう》、活人剣《かつにんけん》。試《こころ》みに挙《こ》し看《み》ん」。どこに殺人刀、活人剣があるか、試みに、次の本則で挙げてみよう。こう言いまして、本則に続けているわけです。

「倒一説」とは

「挙《こ》す。僧《そう》、雲門《うんもん》に問《と》う、是《こ》れ目前《もくぜん》の機《き》にあらず、亦《ま》た目前《もくぜん》の事《じ》にも非《あら》ざる時《とき》は如何《いかん》」。

「機」と「事」という言葉が出て来ております。よく「人境」という言葉が出て来ます。その「人境」という言い方の、「人」に当たるのが「機」です。そして「境」に当たるのが「事」です。もちろん、漢字が違うんですから、微妙なニュアンスは違うんですけれども、だいたい同じだと見ていいと思います。

この前の一四則では「対一説」という言葉を雲門禅師が述べていますね。いわゆるお釈迦様の一代時教ということですが、それは一口で言ったらどんなものなんですか、という問いに対して、雲門禅師は「対一説」と言いました。相手と向かい合って説いていく、ということです。相手が違ったら、違った説き方をしていく。目の前にいる相手に応じた、またその人が問題にしている問題に応じた説き方をする、というのが「対一説」ということでした。

それに対して、僧は次のように迫ってくるわけです。「目前の機にあらず」、目の前に問題を抱えている人がいなかったら、また問題がなかったらどうなさいますか、どのような説き方をしますか。やはり、禅は具体性を貴ぶわけです。抽象的な捉え方を嫌うわけです。だから、目の前に問題を抱えた人がいる。その人の抱えている問題に対して答えましょう、というのが「対一説」です。実際そういう仕方で、お釈迦様は素晴らしいお説法をしてこられた。じゃあ、目の前にそういう人がいなかった時はどうするのか。いわゆる、禅が一番嫌うような質問の仕方をしているわけであります。

いわゆる法律には、総論と各論とがあります。各論はいちいち具体的な問題について決めているわけです。それに対して、総論というのは、それらを一つにして問題を提起しているわけです。その総論に当たるのが、今日の則だと思います。各論に当たるのは、前の一四則です。ですから禅で言えば、頭を使うなということです。頭で捌くなと叱られるような質問を、ここで持って来ているわけです。それはそうですよね。誰もいません。問題もありません。そんな時はどう説きますか、と言うんですから。全く問題にならない問題を持って来て問うているわけです。

それに対して雲門禅師はどう答えておられるか、と言いますと、「倒一説」です。一説を倒す、文字を追えば。いわゆる一説をひっくり返す、ということです。ということはどういうことでしょうか。口では説けん、ということではないでしょうか。ぜひ説いてください、一句言ってください、というお願いに対して、口で説けるか、と返しているんだと思います。

ところが、そう返した雲門禅師という方は、並みの禅師様ではないわけです。「言句の妙」で謳われた禅師様です。言句の妙を生きた禅師様が、口で言えるか、と言うわけでありますから、そこをわれわれはしっかりと捉えないといけないわけです。

いろんな見方がありますが、例えばそこに、圜悟禅師が著語《じゃくご》しております。「躍跳《とびはね》て什麼《なに》をか作す」。こういう語を付けております。これはどういうふうに取ったらいいのでしょうか。いろんな取り方があると思います。

次の言葉を誰かが言ったというのですが、誰でしょうか。「世間の道は一つではない」と言ったそうです。道は百も千もある。どなたかお分かりでしょうか。「道は一つではない」。世の中の道は一つではない。私たちが歩む道は百も千もあるんだと。名前を言えば皆さんも知っている人です。坂本龍馬です。坂本龍馬はそう言いました。これはある意味で真実だと思います。ですから解釈なども一つではない。いろんな解釈ができるんだと。「躍跳《とびはね》て什麼《なに》をか作す」。これはどういうふうに読んだらよろしいのでしょう。いろいろな読み方があると思うんですが、その一つをあげてみますと、ある人が言っておられます。「世間を捨ててどこへ行く」、こう解釈しています。面白いですね。続けて著語に、「倒退三千里せよ」と。ここを「世間の事を二束三文に見て、禅堂の中にどん坐るのだ」と言っています。

「門云く《もんいわ》」「倒一説」。その門を倒してやる、ひっくり返してやる。禅牀《ぜんしょう》と言いますね、その坐っている絨緞をひっくりかえしてやる。

どうしてそうなんでしょうか。問いをそのまま返した、と言うんです。問いがなっていないわけです。問いが問いになっていないわけです。ならば、というので答えにならない答えを返したというのです。しかし、それに尽きないんです。そう返すことによって、相手と同じ世界を作り出す。問う相手と同じ世界に入っていった。こういうふうに禅では捉えます。同じ世界ですから、一相平等の世界へ見事に入っていった。さすがは雲門禅師だ、と言うんですね。

そこに、「平出《へいしゅつ》」と著語を置いております。平らに出る、これは俗語のようです。それがすらりと出た。何でもないかのように。口では答えられない質問を突きつけられながら、いとも簡単に、「倒一説」と答えた。「平出」です。見事なものだ、こう言うわけですね。「款《かん》は囚人の口より出づ」。「款」というのはいわゆる判決文だということですが、判決文は囚人の口より出づ。今の日本でもそうであるようですが、そしてそれがまた問題にもなっているんですが、囚人が自白した、自白にもとづいて判決は下されるということで、これは今では問題になっています。それでいいのか、と。それが唐の昔からそうだったんでしょうね。

その答えは、囚人というのは雲門禅師でしょうね、雲門禅師が苦労を重ねて手に入れたものである。それを囚人の口と言っているわけです。苦労に苦労を重ねて体得した雲門禅師ならではの自白だ。自らのやったことを白状した。自ら体験したことを語ったのだ。だからこそ、こんなにあっさりと天下に残る名答が口から出た。

「也《ま》た放過《みのが》すこと不得《なかれ》」。いわゆる、雲門は本音を吐いたぞ、と言うわけです。しかし、「也た放過すこと不得」、それだけで済ますなよ、相手をしっかりと捉えておけよ。雲門自身はそれでいいとしても、相手をもう少ししっかりつかまえておけよ。「荒草の裏《なか》に身を横たう」。相手に対して手を緩めるなよ。天下一品の答えを出した。だからもういいなんて、そう思ってくれては困るぞ、ということです。相手が本当にそれがわかったかどうか。

「荒草裏に身を横たう」ですから、相手に大いに坐らせろよ、坐禅させろよ。判決文が出た。雲門の白状底が出た。だけどそれで終わらせるなよ。それをもとに、相手にもっともっと坐禅をさせろよ。雲門の口から出ただけです、白状底ですから。問うた人物にも坐禅させろよ。坐禅の真っ只中でその人物の本音を、本性を、自性を、雄叫びを育てろよ、とそういうことだと思います。

「水裏の月」

そこを雪竇禅師が詠い上げるわけです。最初は、答えそのもので一句言っております。「倒一説」。それに対しまして、「放不下」と著語があります。これは雪竇禅師が「倒一説」と詠い上げたわけでありますから、そこを今の読み方でいいますと、「放不下《てばなせず》」と言います。これだけは、雪竇禅師も手放すことはできない。

「字眼」という言葉があります。文字の中での眼です。我々人間で言いますと、「眼は心の窓」と言いますね。心がそこに表れている。一番大事な言葉は何かと言うと、それが「倒」という一字だと、こう言われて来ました。だからさすがの雪竇さんも、この倒一説だけは手放すことはできなかった。そこで二重に使っている。再びこれを用いまして、「倒一説」と、こう最初にもってきたんだと。

しかし、「倒一説」という答えを出すことによって質問者はどうだったかと言うと、「七花八裂」。七つの花が八つに裂けると書いてあります。もう何が何だか分からなくなっちゃった、頭の中がはちゃめちゃになっちゃった、こんな感じです。そして、「須弥南畔《しゅみなんぱん》」。この我々の住む世界では、「巻尽《まきつく》す五千四十八」。「一大蔵経五千四十八巻」と申しますが、この一言で、一大蔵経五千四十八巻を全て説き尽くしたぞ、と圜悟禅師は野次っているわけです。

そこを、雪竇禅師は「分一節《ぶんいっせつ》」と繋ぎます。これも面白いですね。「分」です、分けるです。だから、一つのものを分けまして、自分が半分取って、相手にも半分、というのが普通の「分」ですよね。ところが禅の方で使うと、分けたんです。分けたことは分けたんです。しかし、半分半分ではないんです。相手にも全部、こちらにも全部、ここはこういう「分」だと言うんです。相手とともに分けあいました。だけどそれは半分半分にしてそうしたんじゃない。これは常識です。ところが禅の言い方を取りますと、全部相手にあげちゃった。全部俺がもらっちゃった。二人とも全部獲得した。それが禅で言う「分一節」だと。

著語して、「你《なんじ》が辺《ところ》にも在り、我が辺にも在り」。これだけでは半分半分か全部かわかりません。「半《なかば》は河南、半は河北」、とこう言っております。これは臨済が黄檗から聞かれた時の答えですが、これも半分半分じゃないんです。河南に行くか、河北に行くか、こういう答えなんです。河南に行かなければ河北へ参ります、という答えです。ですからこれは全部なんです。臨済を二つに分けるわけにはいきませんよね。「手を把って共に行かん」。手をとって共に行くんですけれども、分け前はともに全部持って生きて行こう、とこういうわけです。

「同死同生君が為に訣す」と言っております。ですから、同じく死ぬ、死ぬ時は共に死ぬ、です。生きる時は同じく生きる。そういう生き方を、「君が為に訣す」。あなたと共にどこまでも、という感じです。

「泥裏《でいり》に土塊を洗う」。泥まみれだ。そんなになにもそんなにも大事にしなくてもいいだろうと。もう止めようがないですから、泥まみれ。泥まみれになるまで相手に尽くそうとしているんだ。「甚《なん》の来由にか著《よ》る」。これはいったいどうしてか。「你を放《ゆる》し得ざればなり」。こう言っております。極めて親切に、質問僧の脚下《きゃっか》を照顧《しょうこ》させて、自己本来の面目に決断を与えたと称しております。殺人刀、活人剣を振り、殺したり生かしたりですね、換骨奪胎、孫を相手に泥まみれ、甘くはないか、甘いことをやっていると、ろくなものはできぬぞ。何ぞ仔細でもあるのか、と、法の安売りは許せぬぞ、とこう言っております。そうでなくては子は育たない、とこういうことでしょうね。

「八万四千《はちまんしせん》は鳳毛《ほうもう》に非《あら》ず」。お釈迦様が迦葉尊者に法をお渡しになられた時、八万四千の人々は気が付かなかった。迦葉尊者のみが気が付いたということです。

「羽毛相似たり」。皆同じ姿形をしているのになあ、というわけです。どうして迦葉尊者だけがにっこり笑われたのだろうか。「太煞《はなは》だ人の威光を減ず」。まことにそうですよね。

みんな同じく人間の姿形をしているんですから。ところが伝わらない。「漆桶《しっつう》麻《ま》の如く粟《ぞく》の如し」。もう後の人々は真っ暗闇で何の働きも出来ない。にっこりと笑うというのはすごい働きです。単ににっこりと笑うだけなんでしょうけれども、それはすごい大きな笑いの声です。天上天下唯我独尊です。迦葉尊者独りが笑ったわけですから。その笑いは天地を一人占めにした笑いだったに違いない。

「三十三人虎穴に入る」。迦葉尊者から三十三人、中国の六祖大師にいたるまで、この方たちは確かに虎穴に入られた。虎の穴に入った。これです。

このところを、「唯我のみ能く知る。一将は求め難し。野孤精の一隊」。「我」というのは圜悟禅師です。儂にはよく分かる。誰が分からないと言っても、儂にはよく分かる。一将というのは本当に求め難い。後は大部分が悟ったふりをしているだけだと言うわけです。人間の姿をした化け物だ、とこう言うわけです。

「別《かくべつ》なり、別なり」。「かくべつなり」という読みは好きではありません。「別、別」でいいですよね。別にまた一言いわせてくれ、ということです。今まで詠い上げてきたけれど、まだ詠い尽くしたわけではない。まだ言いたいことがある。それを「別、別」と言っていると見たほうが、すんなりいくと思います。

そして何と言ったかといいますと、「擾《じょう》擾《じょう》怱怱《そうそう》たり水裏《すいり》の月」。こう言っております。

水に月が映っております。水裏の月ですから、水の流れによって月も動くわけです。しかし、それが本当の姿なんだ、ということではないでしょうか。

本当の姿と言いますか、本当の姿は天上にあるんですから、天上に美しく輝いているお月さん。しかし、それが我々の住む地上では、千々に乱れているわけです。波にもてあそばれて千々に乱れております。破れながら繋がっております。

ですから、天上の月を本当の月と思うか、水に映っている月を本当の月と思うか。なんとも言えませんよね。水に映っている月は本当の月じゃありません。本当の月は天上に輝いているんですから。常識から言えば天上に輝いているのが本当の月でしょう。しかし、そういう常識を超えたらどうでしょうか。

本当の月というのは、世間の波に揉まれても破られない月。なおかつ、そこに姿形は破れながらも破れない月。それこそが本当の月だ、と言いたくなるような気持ちが、我々のどこかから、湧き出てくるのではないでしょうか。

ですから、「倒一説《とういっせつ》」という雲門禅師の名解答も大事だ。だけど、そんな名解答は天上の月だ、雲門大師に騙されるなよ。我々世間を生きる、生きなくてはならない人間は、そんな綺麗事ではすまない、と。虎穴に入るその虎穴から持ち出した答えですから。しかし、私たちに大切なことは、天上の月をむさぼり見て、脚下を疎かにしないことです。だからこそ脚下照顧を忘れるな、そんなことを圜悟禅師は言ってくれているわけです。「著忙《じゃくぼう》して什麼《なに》をか作さん」。脚下を見なくちゃいかんぞ、名解答などと、そんな華やかなところを見ちゃいかんぞ、と。我々に大事なことは、脚下をしっかりと見つめることだ。そういうふうに言って、我々のいのちを生きることの大事さを説いてくださっているのだと思います。本当にそう思います。私たちの思いが加わって、私たちの一つの判断が生み出されるんですよね。それを除いて真実なんてないのではないでしょうか。客観的な真実なんていうのはどうなんでしょうね。あまり意味がないんじゃないでしょうか。

誰にも通用する真実、ものによってはそういうものも大切でしょうけれども、しかしたいていは、我々が出会うところにある真実が大切だと思うのです。ある一つのことに対して、私たち一人一人が判断をする、それが真実だと思うわけです。

これは「対一説」のところもそうですよね。その人その人にピタリとした答えをお釈迦様はなされた。それが大切なんだと思うんです。しかし、そのピタリとしたということが当に問題点でもあるんです。ピタリとしたというところではそうなんだけれども、逆にいうと、それだけではないということでもあると思います。ピタリとしたところを超えた真実、ということだってあり得るわけです。そっちの方がなお真実だ、といえることもあると思います。だから、本当に真実というものは無数にあると思います。世界の人たちが七十億人いたら、七十億なんかじゃ足りないくらい真実があると思うんです。

ですから、「倒一説」にも捕らわれるなよ、と言われていますが、私たちも、私たちが掴んだものだけが真実だと思っちゃいかんと思います。だから、「得たら捨て、得たら捨て」ということが言われるわけです。「掴んだら捨て、掴んだら捨て」、また手を空っぽにしておくんだ。また目の前に真実が来た時に、ぱっと掴むんだ、ということです。そしてまた、手を空けておくんだ、と。第八図に帰るんです。第八図こそ、私たちのソース（原点）だと思うんです。

そして、この世の中にある無数の真実を、知りたい。すべてを知りたいけど、無理でしょうから、できるだけ知りたい。いつも自分が掴んでいるものだけが真実とは思わない。それはそれで真実であり、それはそれでいいんですけれども、より以上の真実を。それを誰がわかるかというと、本人です。本人が、「あ、前以上の真実だ」と。それは本人しかないですよね。それは人との比較の問題ではありません。それはあくまでも個です。「独」ですよね。唯我独尊の「独」です。独りです。自分自身の問題として、何としてでも少しでも、たくさんの真実を掴みたい、というのが私は禅の生き方だと思います。

限られた人生です。限られたいのちです。限られた人生の中で、できるだけ多くの真実に出合いたい、真実に触れたい。それ以外の何ものでもない、と思うのです。

天下の大道を行く――第一六則「鏡清草裏漢」

【垂示】垂示《すいじ》に云《いわ》く、道《みち》に横径《よこみち》無《な》ければ、立《た》つ者《もの》は孤危《こき》なり。法《ほう》は見聞《けんもん》に非《あら》ず、言思《ごんし》迥《はる》かに絶《へだ》つ。若《も》し能《よ》く荊棘《いばら》の林《はやし》を透過《とうか》し、仏祖《ぶっそ》の縛《ばく》を解開《ときはな》ちて、箇《こ》の穏密《おんみつ》の田地《きょうち》を得《え》ば、諸天《しょてん》も花《はな》を捧《ささ》ぐるに路《みち》無《な》く、外道《げどう》も潜《ひそ》かに窺《うかが》うに門《もん》無《な》けん。終日《しゅうじつ》行《ぎょう》じて未《いま》だ嘗《かつ》て行《ぎょう》ぜず、終《しゅう》日《じつ》説《と》いて未《いま》だ嘗《かつ》て説《と》かずして、便《すなわ》ち以《もっ》て自由自在《じゆうじざい》にして、啐啄《そったく》の機《き》を展《の》べ、殺活《せっかつ》の剣《けん》を用《もち》うべし。直饒《たとい》恁麼《いんも》なるも、更《さら》に須《すべか》らく建化門中《こんげもんちゅう》、一手擡《いっしゅだい》、一手搦《いっしゅじゃく》有《あ》ることを知《し》るも、猶《な》お些子《すこし》く較《たが》えり。若是《もし》本分事《ほんぶんのじ》の上《うえ》ならば、且得没交渉《さてもまとはずれ》。作麼生《そもさん》か是《こ》れ本分事《ほんぶんのじ》。試《こころ》みに挙《こ》し看《み》ん。

【本則】挙《こ》す。僧《そう》、鏡清《きょうしょう》に問《と》う、「学人啐《がくにんそつ》す、請《こ》う師《し》啄《たく》せよ」。清《しょう》云《いわ》く、「還《は》た活《い》くるを得《う》る也《や》無」。僧云《そういわ》く、「若《も》し活《い》きずんば、人に怪笑《あざわら》われん」。清云《しょういわ》く、「也《ま》た是《こ》れ草裏《そうり》の漢《かん》」。

【頌】古仏《こぶつ》に家風《かふう》有《あ》り、対揚《たいよう》するや貶剥《へんばく》に遭《あ》う。子《こ》と母《はは》と相知《あいし》らず、是《こ》れ誰《たれ》か同《おな》じく啐啄《そったく》す。啄《たく》されて、覚《きづ》くも、猶《な》お殻《から》に在《あ》り、重《かさ》ねて撲《ぼく》に遭《あ》う。天下《てんか》の衲僧《のうそう》徒《いたずら》に名邈《みょうばく》す。

「色即是空、空即是色」

垂示から見ていきます。「道《みち》に横径《よこみち》無《な》ければ」。道というのは仏道ですね。仏道には横道がない。大道だ、小さな道はない。「竪三際を窮め横十方に亙る」というのが、仏道です。そこで、その仏道を歩む者、つまり「立《た》つ者《もの》は孤危《こき》なり」、独りぼっちだ、と言うんですね。広やかなところに独りぼっちの人間が立っているので、孤です。しかしこの独りぼっちは、小さいながらに唯我独尊の「孤」でもあります。「危なり」というのは、もう恐ろしくて近寄れない。それを「孤危なり」と言っています。

法はどうか。仏法はどうか。達磨さんの伝えられた法はどうか。「見聞《けんもん》に非《あら》ず」。見たり聞いたりするものではないぞ、と。「言思《ごんし》迥《はる》かに絶《へだ》つ」。言うこと、思うこと、我々の常識をはるかに隔てている。もう及ばないところだ。「迥かに絶す」です。「若《も》し能《よ》く荊棘《いばら》の林《はやし》を透過《とうか》し、仏祖《ぶっそ》の縛《ばく》を解開《ときはな》ちて、箇《こ》の穏密《おんみつ》の田地《きょうち》を得《え》ば」。昔は公案は三つに分類されておりました。それが、「理致」、「機関」、そして「向上」と、この三つに分かれていたわけです。三つの方がいいですよね。「戒・定・慧」くらいは分かるんですけれども、八正道とはなんですかと聞かれると分からなくなります。似たような言葉が八つ出て来るんですから。それを三つ、戒・定・慧にたたんだんです。公案もたくさんより三つの方がいいですよね。「理致」、「機関」、「向上」。ある意味でこの三つで尽きているわけです。

先ず、この一番最初の「理致」というところが、本来の世界です。「衆生本来仏なり」という世界を「理致」といいます。それが「道に横径無ければ」というところです。あるのは天下の公道一本道だ、というわけです。それが「竪三際を窮め横十方に亙る」という一本道です。

「法は見聞に非ず」。見たり聞いたりとは違うぞ。我々の現実は見たり聞いたりで成り立っているんですが、仏法はそれだけではないぞ、と言うんです。それはこの「理致」が絡まってくるんです。「理致」が、「機関」の働き、この見たり聞いたりという働きに絡んでくるから、「見聞に非ず」となるわけです。ですから、この「理致」のところで見た広やかな世界が、どのようにこの現実のなかで生きていくか、これが問題なんです。それが「機関」です。ですから、単なる見たり聞いたりは、達磨さんが伝えようとした仏法ではないぞ、とこうなります。

「言思迥かに絶つ」と言っておりますね。「言語道断《ごんごどうだん》、心行處滅《しんぎょうしょめつ》」という言葉もあります。そういったところもあるんだ、ということです。

そして、この「機関」の公案で、鍛えに鍛えぬくわけです。そしてもう一つさらに、「向上」という部門を設けるわけです。「向上」というのは、その上、という意味だそうです。その上とは何か。仏のその上、というふうに言われているところです。仏をも超えたところ、と言っているわけです。

ですから『般若心経』で言い直してみますと、「色即是空」と、色が空に辿り着いたところが「理致」というところだと思います。現実の世界は色です。形あるものですね。形あるものは必ず滅す、という理がある世界、諸行無常の世界ですね。その形あるものが、形なきものにぶつかる、それが空の世界です。そして空の世界に行き当たりますと、大道に行き当たるわけです。そして『般若心経』はすぐ打ち返してきます。「空即是色」と、また色に帰ってきます。

そして、空を通って帰ってきた色と出発点の色とを区別するわけです。空を通って帰ってきた色のことを「妙有《みょうう》」といいます。単なる色と区別するわけです。見たところは変わらないわけですけれども、ところが空の世界を通ってきていますから、そこに違いがあるんだと。「妙有」といいます。しかし、空というのは姿形がないですから、見た目には前と全然変わらないじゃないか、どうしてこれが妙有なんだ、そうなりますよね。そうすると、その違いは働きによるんだと。働きによって示されるしかない。いわゆる妙有は、「妙用」なんです。なんとも言えない素晴らしい働きをしてくれるわけです。そこで、なるほど妙有だ、妙なる存在だ、となるだろうと思います。

そして、それには「荊棘の林を透過し」なくてはならない。そういうことが述べられているわけです。「色即是空」と空に達して、空にも止まらないで、「空即是色」と帰ってきます。それは、荊棘の林を通り抜けるくらいのたいへんなことだ。

その代わり、その効果があるわけです。先ず「仏祖の縛を解開《ときはな》」つという一つの働きがある。私たちは執着の念に縛られているわけです。そして空に立って始めて、その執着の念から解放されるわけです。空ですから、何もない世界ですから。そしてもう一ついいますと、そこには仏すらないという世界なんですね。仏があったら仏の世界で、空とは言えない。ですから、本当に私たちの苦しみや執着から解き放ってくれるだけでなくて、もう一つ、私たちがあこがれる仏からも解放してくれるというところに、空の秘密があると思うんですね。そうして帰ってきた現実です。色です。その色が格好いいんだ、とこうなるわけです。

「仏祖の縛」、仏祖の縛りをも解き放って、「箇の穏密の田地《きょうち》を得ば」。穏密です。空を通ったからにはどう変わったのか、それが分からないような形で帰ってくるわけです。そしてそこは、綿々密々の世界です。風も通さない世界であるわけで、煩悩に悩まされる世界ではもうなくなっているわけです。仏にも縛られる世界ではなくなっている。一見、どこが変わったんだ、と言われそうな世界でもあります。

その「穏密の田地《きょうち》を得ば」、そういうわけで、「諸天《しょてん》も花《はな》を捧《ささ》ぐるに路《みち》無《な》く」。天上界の住人も、それを見て分からない。この人は素晴らしい人だ、いい若者だ、とわからない。それで、「花を捧ぐるに路無く」。一向に花を捧げようという気も起きない。「外道《げどう》も潜《ひそ》かに窺《うかが》うに門《もん》無《な》けん」。外道は、仏道以外の道を求めている人たちです。そういう人たちも密かに窺い見るんだけれども、見ようがない。つけ込む隙もない。門がありませんからね。

そして「色即是空、空即是色」と帰ってきたお人は、「終日《しゅうじつ》行《ぎょう》じて未《いま》だ嘗《かっ》て行《ぎょう》ぜず」。朝から晩までひっきりなしに働いていて、「未だ嘗て行ぜず」。どうしてか。

『臨済録』にある言葉ですが、「妙応《みょうおう》無《む》方《ほう》」という言葉があります。山岡鉄舟が使っている言葉です。極意書に書いてありますね。どこから打ちかかってきても、妙なる対応ができる。「妙応無方」です。そして、もう一つ言葉を添えているんです。「朕跡《ちんせき》を留めず」と、こう言っています。跡を何一つ残さない。それが言い方を変えますと、「終日行じて未だ嘗て行ぜず」。跡を払え、跡を払え、ということで、跡を残しませんから、「終日行じて未だ嘗て行ぜず」。

「終日《しゅうじつ》説いて未《いま》だ嘗《かつ》て説《と》かず」。お釈迦様は四十九年、説きに説きました。そして最後には、「一字不説《いちじふせつ》」と言われたそうです。儂は一字も説いていない、と言われたそうです。「終日説いて未だ嘗て説かずして、便《すなわ》ち以《もっ》て自由自在《じゆうじざい》にして」、これが禅で言う自由自在なんだ、というんですね。ちっとも窮屈なところがない。そこから今日の「啐啄《そったく》の機《き》を展《の》べ」るということが、起こるんだということです。「殺活《せっかつ》」、殺すも活かすも自由自在の剣を揮って用いるところだと。殺活の剣を揮うのも、啐啄の機を展べるのも、全てここからだ、とこういうわけです。だからこの垂示は重要です。本則を読むためには、この垂示を飛ばすわけにはいかないのです。

「直饒恁麼《たといいんも》なるも、更《さら》に須《すべか》らく建化門中《こんげもんちゅう》、一手擡《いっしゅだい》、一手搦有《いっしゅじゃくあ》ることを知《し》る」。今まではどちらかというと、ある意味で総論です。総論はそうだ。だけれども、各論も必要になるわけです。「対一説」というのがありました。対機説法です。「直饒恁麼なるも、更に須らく建化門中」、人を活かそうと思ったら、「一手擡、一手搦有る」、その人に相応しい持ち上げ方、また押さえ方、それが「有ることを知るも、猶《な》お些子《すこし》く較《たが》えり」。そこまでも行っても、この真実のほんのちょっとに触れただけだぞ、とこういうわけです。

「若是《もし》本分事《ほんぶんのじ》の上《うえ》ならば、且得没交渉《さてもまとはずれ》」と、こう言っています。さあ、これはどういうことでしょうか。「作麽生《そもさん》か是《こ》れ本分事《ほんぶんのじ》。試《こころ》みに挙《こ》し看《み》ん」。向上「本分事・妙有のところ」から言ったらどうなるか。ここをよく見ていただきたいと、こう言っておられます。

『夜叉説半偈』をめぐって

山岡鉄舟翁が使われました「妙応無方、朕跡を留めず」という言葉は、『臨済録』の「序」にある言葉です。それにちなんで、もう一つ臨済禅師の言葉を引用することを許していただきたいと思います。お釈迦様が生まれる前の話を少しさせていただきたいと思います。『夜叉説半偈《やしゃせつはんげ》』というものがあります。皆さんがお家にお持ちの経本に必ず載っている有名な短いお経です。四行詩になっております。これを次に見ていただきたいと思います。

「諸行無常
是れ生滅の法

生滅滅し已って
寂滅をもって楽と為す」

お釈迦様が生まれる前です。ヒマラヤである若者が一人で修行していたそうです。独接心ですね。一人で修行するのは難しいけれど。それを、ヒマラヤの神々がご覧になりまして、あの若者はなかなか見所があると。あの若者の真《まこと》を試してみよう、と言って、一人が夜叉に身を変えて近づいていったそうなんです。そしてこの前半を唱えるんです。「諸行無常、是れ生滅の法なり」。ここまで唱えるんです。

そうすると、どうしてか分かりません。どうしてか分かりませんけれども、その言葉がもの凄く若者の心を打ったんです。それは修行した功徳ですよね。ところが、そこでぱたっと声が途絶えてしまうわけです。若者は、必ず後半があるに違いないと思います。必死になりまして、声の主を探すんです。でも誰もいない。ようやく見つけたのは鬼です。鬼が一人、岩の上に腰掛けてへたり込んでいる。腹が減った、喉が渇いたといって。ちょうど施餓鬼みたいですよね。施食が必要な鬼に出会うわけです。神が鬼に姿を変えているんです。

若者は尋ねます。「さっきの偈を唱えたのはあんたか」。「そうだ」。「ならば、後半をぜひ聞かせてください。必ず後半があるはずだ」。そうすると鬼は、「伝えたいのはやまやまだけれど、腹が減ってそんな元気はない」と言うんです。そこで鬼を宥《なだ》めすかして、一つの約束をして後半を唱えてもらうんです。その後半が、この偈の後ろの二行です。「生滅滅し已って、寂滅をもって楽と為す」と。

問題は、どなたが付けたのか分からないんですけれども、この四行詩の一つ一つに一語ずつ語を付けているんです。これを著語《じゃくご》といいます。または下語《あぎょ》といいます。何を付けたかといいますと、「三宝」なんですね。仏教で三宝といいますと、仏・法・僧のことです。それで三つですから、宝を入れると四つになります。仏・法・僧・宝と、一行ずつに語を付けたんです。問題はこれだと思います。いったい、どうしてこういう語を付けたのか、ということです。

二番目の「法」は分かります。何故ならば、諸行無常というのは、これは生滅の法であるということですから。「法」は分かります。さきほど「色即是空」と言いました。形あるものは必ず滅びる、壊れる。一つの真理ですよね。それを諸行無常といいます。あらゆるこの世にあるものは必ず滅びるんだ、なくなるんだ、これを無常といいます。

もう一つ「三法印」というのがあります。これは、判子を押したようにはっきりしているということで、「印」といいますが、三法印、三つの真理です。その三つの真理のうちの第一に挙げられているのが、「諸行無常」なんです。ですからこれは、どうにも動かしようがないんです。

だから、この二行目の生滅の法である、生まれたものは必ず滅する、生じたものは必ず滅するという真理、そこへ「法」を打ったのは分かりますね。しかし、諸行無常に「仏」と打ったのはなぜかは分かりません。

また、四行目も分かりますよね。「宝」と付けたのはなぜか。「寂滅をもって楽と為す」と。出だしは諸行無常でした。苦しみなんです。四苦八苦なんです。四苦八苦の仏法ですよね。その仏法が、最後には寂滅をもって楽となれるんだ、とこう言っています。苦がいつの間にか楽になれるわけです。ですからこれは、まさに宝ですよね。宝といわずしてなんでしょうか。私たちの苦しみがいつの間にか、楽になる。

ですから、二行目と四行目は分かるんですが、わからないのは一行目と三行目です。特に大事なのが三行目だと思います。三行目は私たちに関係してくるんです。「生滅滅し已って」というところに「僧」と付けています。

僧というのは、これは出家者かといえば、そうではないんです。壇信徒の方々をも含めて、仏道を歩まんとしている、志している人々全てを含めて、ここでいう「僧」なんです。僧団とか僧伽とかいいますよね。ああいう意味での「僧」だと思います。

では、「僧」は何を振り分けられているかと逆に言いますと、「生滅滅し已」ってなければばならない、こうなります。さあ、そうなりますと、しんどいですよね。僧たるもの、生滅だけは滅し已ってなければならない、ということを要求されているんです。ですから本当にしんどいことだと思うんです。それで初めて僧と言えると。「生滅滅し已」っていなければ僧とは言えないぞ、ということですよね。仏道を歩んでいるなんて、口幅ったいことを言うな、ということですよね。なかなか厳しいわけです。

そういう形で見ていきますと、諸行無常のところに「仏」と打っています。諸行無常という動かしがたい真理。真理ですけれども、大変な真理です。それに堪えることができるのは仏さんくらいだ、ということだと思います。ああ、よかったと。我々は仏じゃない、と喜んでいると大変なんですよ。しかし、僧たるものは諸行無常に堪えられなくてもいいけれども、生滅だけは滅し已ってなければならんぞ、とこう言われているわけです。ですから、大変なことです。

諸行無常、「すべてのもの移りゆくとは、これ初めの真理《ことわり》なり」。すべてのものが移り変わっていくんだ。これが、仏法の三つの真理の中の第一番目の真理なんだ、とこういうわけです。それは仏様、お釈迦様にお任せすればいいと思っておりますと、「生滅滅し已」っている、これが僧だと。そして、「生滅滅し已」るためには、ここの垂示で言いますと、どうしても荊棘の林を通り過ぎるということが必要なんです。そういうことを通して、

「生滅滅し已」って、ということになっていくんだと思います。それは生まれながらに、とはいかないと思います。

この『夜叉説半偈』は、「いろは歌」のもとになっている詩でもあります。私たちが一番大事にしている「生滅滅し已って」のところを「いろは歌」は、「有為の奥山今日越えて」と、こういう表現で翻訳しています。有為の奥山を今日越えた。越えてどうなったのか。いわゆる、有為から無為に変わったということだと思います。為すこと有りという世界から、為すこと無しという世界に一変した、ということだと思います。人生でさまざまに、人には言えない苦労を重ねてようやく有為の世界から無為の世界に転ずることができた、というところだと思います。

そうしますと、無為の世界が、我々に安楽の世界を開いてくれるということです。苦しみがなくなるかなくならないかは分かりません。なくなればそれに越したことはないんですけど、なくならないならなくならないままで、苦しみがあるままで、前とは違う、やはりどこか楽という世界が開けるというのが、この「いろは歌」だと思うんです。

そうすると、何が必要か。「生滅滅し已」ってとはどういうことか。『般若心経』でいいますと、空に達する、空が開けてきたということです。

だから、空に開ける、ということは我々にとってなくてはならないことだと思います。一にこれにかかっているんだと思うんです。空に開けたからと言って苦しみがなくなるわけではないかもしれません。だけれども、この空に開けるということが、今までとはまったく違った世界を開いてくれる、ということだと思います。

それで、この空に開ける、「生滅滅し已」るというところを、この偈が生まれたのはお釈迦様が生まれるずっと前のことということですが、臨済禅師はここのところを、どういうふうに主張しているのか。それをちょっと聴いていただきたいと思います。

この「生滅滅し已」ってというところを、臨済禅師は、「真正成壊《しんしょうじょうえ》」と言っております。真に正しく作り上げ、また壊す、と言っています。「生滅滅し已」ると、「真正成壊す」という、この二つを比較するとどんな感じがするでしょうか。凄い積極的になっていますよね。かたや「生滅滅し已」った。かたや、もうひとつ積極的に「真正に成壊」。まったく受ける感じが違うと思うんです。だけど同じことを言っているはずです。

臨済禅師は、その昔の昔、お釈迦様の生まれる前、ヒマラヤで修行している若者を感動させたこの一句の一番大事なところを、「真正に成壊す」と言い換えているんです。作る時は真正にものを作り出す。そしてまた同時に、真正に壊す。いわゆる全体作用です。自分の全身を使って作り上げる。壊す時は自分の全身を使って壊すぞ、とこう言っているんです。

この違いが禅だと思うんです。「生滅滅し已り」、というのは禅だけではありません。仏教全体に通じる言葉だと思います。しかし、「真正に成壊す」というのはまさに禅の言葉だと思います。臨済が自分の言葉として吐いているのです。そしてそこから、今日の啐啄同時も出て来るはずです。本則を見てみます。

「草裏の漢」

「挙《こ》す。僧《そう》、鏡清《きょうしょう》に問《と》う」。ある僧が鏡清和尚に問うた。鏡清というお方は、臨済禅師より後のお方です。我々に近いお方です。鏡清というお方も大禅師でありますが、その鏡清に尋ねました。「学人啐《がくにんそっ》す、請《こ》う師啄《したく》せよ」。私はほとんど無一物に達しました。どうか突っついてください、ということです。「啐啄同時」という言葉がありまして、それを鏡清は得意としていたわけです。

「啐啄《そったく》」はいろいろな解釈がありますけど、根本的な言い方をしますと、もうほとんど雛鳥が生まれる時、中から突っつく、ということもあれば、微かに鳴く、ということも言われます。それを親鳥が察知して、同時に外から突っつくんです。内から突っつきます、外から突っつきます。殻が破れます。そういうことで雛が誕生するんだ、ということです。「学人啐す」。私は準備が完了いたしました。どうかお師匠さん、お得意の啐啄同時で突っついてください、と言いますと、「清云《しょういわ》く、還《は》た活《い》くるを得《う》る也《や》無」。さあ、生きて出てこられるかな、と鏡清和尚が答えたと言うんです。そうすると、「僧云《そういわ》く、若《も》し活《い》きずんば」、もし私が生きて出てこられなければ、「人に怪笑《あざわら》われん」。お師匠さん、人からあざ笑われますよ、というのでしょうか。それとも、私もお師匠さんも二人ともあざ笑われますよ、というのでしょうか。

むしろ流れとしては、お師匠さんが笑われますよ、と言っていますね。もし私が生きてこの殻を出られなければ、人にあざ笑われますよ、とこう言いました。これはもうどうしようもない男です。それで最後に、「清云《しょういわ》く、也《ま》た是《こ》れ草裏《そうり》の漢《かん》」。草むらの中に潜んでいる男、横たわっている男と言うんでしょうか。恥ずかしい奴じゃ、こういう言葉を投げています。

これは本当にそう思います。臨済の「真正に成壊す」というこの言葉一つ見ても、生まれる時は間違いなく生み出す、というのが祖師です。そのような人を前にして、このような問答をすることは、まさにおかしなことだと思います。ですから、この本則全部が成り立たないわけです。「学人啐す。請う師啄せよ」からもう落第しているわけです。そこを頌で詠うわけです。

「古仏《こぶつ》に家風《かふう》有《あ》り」。この古仏には、鏡清和尚には、啐啄同時がおありだ。しかしこれを甘く見るなよ。「対揚《たいよう》するや」、その古仏の前に出るや「貶剥《へんぱく》に遭《あ》う」。どのような目に遭うか知らんぞ、何をひったくられるかわからんぞ。身ぐるみ剥がされるかもわからんぞ。啐啄同時というのは、ほとんど無心にスーッといくわけです。ツーカーと無心にいくわけです。子も知らなければ母も知らないで啐啄しているというのが、啐啄同時であるはずです。「子《こ》と母《はは》と相知《あいし》らず」。やっていながらやったとも思わない、というのでしょうね。「是《こ》れ誰《たれ》か同《おな》じく啐啄《そったく》す」。同じく啐啄する。そのうちに片方は突っつき、また片方も突っつく。啐啄するものはいったい誰か。誰が啐啄するのか。「啄《たく》されて」、突っつかれて「覚《きづ》くも」、それは何か。「還《は》た活《い》くるを得《う》る也無《や》」、と一拶しました。これを「啄されて」と、ここでは言っているのだと思います。そして「覚《きづ》くも、猶《な》お殻《から》に在《あ》り」。どう気づいたかと言うと、「若し活きずんば、人に怪笑《あざわら》われん」と答えていますよね。いわゆる、まだ出る出ないにこだわっているわけです。生まれる、生まれない、にこだわっている限り、もう禅でもなんでもありません。

そこで「重《かさ》ねて撲《ぼく》に遭《あ》う」。これは「也た是れ草裏の漢」と切って捨てられたところだと思います。ところが、「天下《てんか》の衲僧《のうそう》徒《いたずら》に名邈《みょうばく》す」。天下の雲水たちは、行脚僧たちは、いたずらに「也た是れ草裏の漢」とはいったいどういうことなのか、ああでもない、こうでもない、と修行者同士が会えば言い合っている。こういうことでしょうね。いわゆる名句というやつです。名前にとらわれている。「草裏の漢」とはいったいどういうことか。いくら「草裏の漢」といっても、啐啄同時の事実には遠くて遠しであって、その遠くて遠しの事を明らめる事に持てる力を費やしている、ということだと思います。我々の現実はこういうことなんだと思います。

ここだけではありません。何則かはこういう言葉で終わっているわけなんですが、肝心要のところではないところで、問題を、ああでもないこうでもないと、頭をひねって言っているということなのです。肝心なのは、空に開けるということです。何《なん》にもない。「空開」と言いますよね。何にもない、空である。空に開けるということが大事なんだと思うわけです。

空に開ける

ここに「虚」という字を掛けさせていただいています。「虚」という字は空しい、とい

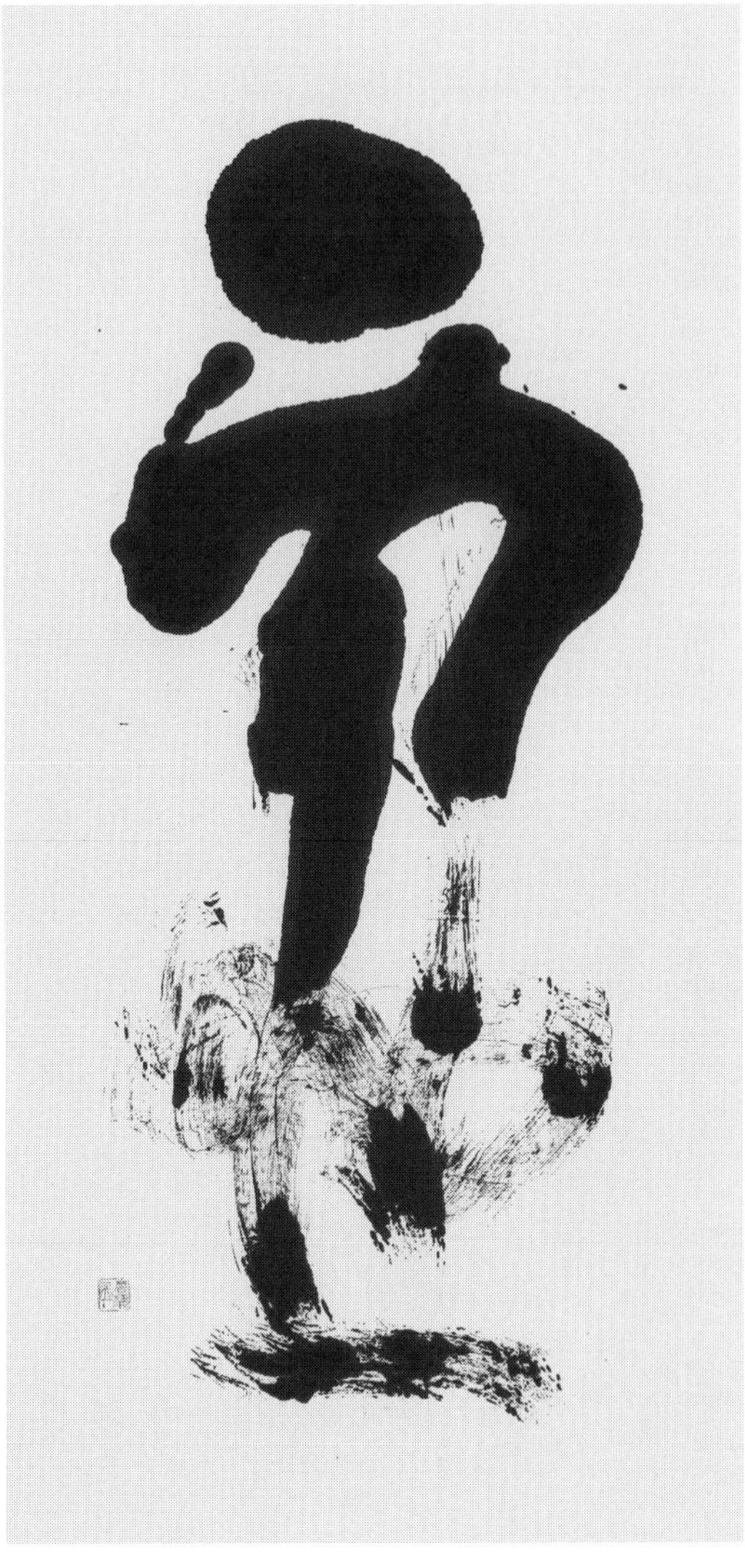

虚（和田青篁師書）

うことです。虚空蔵菩薩の「虚」です。虚空の「虚」ですね。これを本当に上手く書いてくださっています。上から書きますので、上が一番濃いです。それで下がかすれています。ということは、何もないところから、少しずつ形ができてくる。結論から言いますと、そういうお気持ちでお書きになったのかは分かりませんけれども、下から見ますと何にもないところから立ち上っていくわけです。そして、最後はこれだけ濃く描かれているんです。そうすると、何もないわけじゃないんだ、とこう思いますよね。やはりあるんだ、とこうなります。私はこれが「妙有」だと思います。何にもないのではないんです。あるんです。はっきりとあるんです。

ですから、空に開けるということは、何にもないだけではないんです。何にもないところに、何もかもが詰まっているという世界、それが空だと思うんです。ですから、その空のところからあらゆるものが出ていく。そこで「妙用」と、こういうわけです。「真」とは何か。「真正成壊《しんしょうじょうえ》」の「真」です。「真」とは何か。「空妙用」だ、とこう言いたいわけです。何にもないところ、そこに全てがある。何とも言えない働きがあるんだ。空のところに留まっている限りだめです。空のところからあらゆる働きとなって出ていくということが、大事なんだと思います。

物を作ろうとしたら、物をしっかりと作る。物を壊す時は、物をしっかりと壊す。それが殺活一如の剣です。一本の剣が、ある時は殺人刀として揮われ、ある時は活人剣として人を活かす。そんなところだと思います。それが空のところから出て来る。何にもないところから、本当に自己を滅しきったところから、大死一番したところから、初めてそういう大きな働きとなって働いていく。そういうことだと思うわけです。

ですから、「私はほとんどできあがっております。どうかお師匠さん、突っついてください」という思いが、どれほどさもしい根性かお分かりいただけると思います。それではだめですよね。ですから、ある意味一番最初に、垂示で言っておりますでしょう。「道に横径無ければ、立つ者は孤危なり」。一人なんだ。相手に頼めない。突っついてください、なんて言う時は、もう大道ではなくなっているんです。天下の大道を歩んでいるんだ。どうかお師匠さん、突っついてください、なんて言ってしまうと、もう天下の大道から全く逸れてしまうんです。そのへんがたいへん厳しいところであると思うんですが、ともかく何としてもお願いしたいのは、どうか皆さん、空に開かれていただきたいと思います。

そして、これはいつ起こるかわからないんです。先ほどの雪竇さんの言い方に異を唱えて言いたくはないんですけれど、何が機縁となって起こるか分からない。いつ起こるかわからないんです。今まで全然だめだ、というにもかかわらず、突然パッと開けることもあるんです。そういう時節因縁というものを大事にしていただきたいと思います。

そしてもう一つ、天下の大道に独りぼっちでいると言うわけです。そしてそれは、もう近づけないという「危」です。近づけないということは結局、一人に徹するということ、そのお一人おひとりの生き方というのを思わなくちゃいかんぞ、ということだと思います。他人の生き方と比較しちゃいかんぞ、ということです。それは我々には何とも言えないんだ、近づき難いことなんだ。その人の人生、その人の生き方に任せる、ということでもあると思います。

ですから皆さんが、自らを重んじ、自らを信じていただくことが肝要だ、と思う次第であります。

坐久成労――第一七則「香林西来意」

【垂示】垂示《すいじ》に云《いわ》く、釘《てい》を斬《き》り鉄《てつ》を截《き》って、始《はじ》めて本分《ほんぶん》の宗師《しゅうし》たるべし。箭《や》を避《さ》け刀《かたな》を隈《おそ》るれば、焉《いず》んぞ能《よ》く通方《つうほう》の作者《さくしゃ》たらん。針劄不入《しんさつふにゅう》の処《ところ》は則《すなわ》ち且《しばら》く置《お》く、白浪滔天《はくろうとうてん》の時如何《ときいかん》。試《こころ》みに挙《こ》し看《み》ん。

【本則】挙《こ》す。僧《そう》、香林《きょうりん》に問《と》う、「如何《いか》なるか是《こ》れ祖師西来意《そしせいらいい》」。林云《りんいわ》く、「坐久成労《ざきゅうじょうろう》」。

【頌】一箇両箇千万箇《いっこりょうこせんまんこ》、籠頭《おもがい》を脱却《はず》し角駄《にもつ》を卸《おろ》す。左転右転《さてんうてん》するも随後《ずいご》に来《き》たり、紫胡《しこ》は劉鉄磨《りゅうてつま》を打《う》たんと要《ほっ》す。

坐りくたびれたわい

本日は、短い中にどのようなことが書かれているか、みなさんとよく参究したいと思います。『碧巌録』第一七則「香林《きょうりん》西来意《せいらいい》」です。これはよく耳にする言葉です、「如何《いか》なるか是《こ》れ祖《そ》師《し》西来意《せいらいい》」。達磨さんがはるばるインドから中国へ来られたのはいったいどんなお心なんですか、ということです。それに対して、雲門禅師のお弟子さんである香林和尚は、「坐久《ざきゅう》成労《じょうろう》」とお答えしたわけです。長い間坐って、「成労」ですから、くたびれたわい、と。長い間坐ったので、ああくたびれた、というような答えです。

皆さんにご紹介したことがありますが、『夜叉説半偈』というのがあります。それと較べながら読んだら面白いのではないか、と思うわけです。

垂示から見てみます。「垂示《すいじ》に云《いわ》く、釘《てい》を斬《き》り鉄《てつ》を截《き》って」。漢文では、四字熟語になっています。そうするとどう読むんでしょうか。「斬釘截鉄《ざんていせってつ》」と読んでおります。「斬釘截鉄の機」という言葉があります。「機」は働きのことです。「斬釘截鉄」という言葉がありまして、「釘を斬り」、こちらの方を煩悩に当てるんです。私たちの持ちあわせている身心から離れない煩悩を斬り、そしてこの鉄の方を仏見、法見とみています。ですから、煩悩に対して菩提心ですね。菩提心をも截ると。煩悩を斬るのは分かりますけど、どうして菩提心まで切らなきゃならないのかと思いますよね。

しかし、禅の目指すところは自由自在だと思います。そうしますと、どうしても菩提心をも切らなきゃならない、というところがでてきます。そこを、『十牛図』で言いますと第八図で示しているんだと思います。第八図は、ぐるっと一円相が描かれているだけで、中に何も描かれていない、というところです。

「始《はじ》めて本分《ほんぶん》の宗師《しゅうし》たるべし」。そうすると、本分の宗師たるものは、煩悩を切り落とすだけでなく、いい心をもそぎ落とさなくてはならんのだ、とこう言っているんだと思います。

「箭《や》を避《さ》け刀《かたな》を隈《おそ》るれば、焉《いず》くんぞ能《よ》く通方《つうほう》の作者《さくしゃ》たらん」。この一つの例が、山岡鉄舟翁だと思います。山岡鉄舟翁は、どうしても浅利又七郎先生が離れなかったわけですね。

宮本武蔵と同じく、三十近くになりまして、疑問を持つわけです。孔子様は「三十にして立つ」ですから、確乎不動の場所に立ったんでしょうね。ところが、武蔵も鉄舟翁も、三十近くになって、それまでは戦えば負けを知らずで戦ってきたんですが、大いに疑団が生じるわけです。

そこで、良き師を求めて浅利又七郎先生のところへ行って試合をしてみるんですが、これがかなわなかったわけです。それが三十ちょっと前です。それで、江戸の無血開城という素晴らしい功績をされたのは三十三の時です。それでも、この時も浅利先生だけはだめだったんです。苦手だったんですね。浅利先生の幻影から離れることができたのは、四十五ですから、十二年間くらいこの浅利先生に悩まされるんです。

それはどうしてかというと、やはりいいものに対する眼がありすぎたんです。ありすぎて、浅利先生の強さがよく分かるわけです。分かるがゆえに、何ともどうしようもなかったというわけです。「箭を避け刀を隈るれば、焉んぞ能く通方の作者たらん」。「箭を避け刀を隈れ」ていたわけじゃないんでしょうけれどね。やはり素晴らしいものを見る眼があったがゆえに、なかなか浅利先生を崩すことができなかったわけです。

それで、ある時ある禅の公案に参じまして、その公案が透った時、ガラッと一転したわけです。まさに鉄を截り尽くしたわけです。そしてどうなったかというと、いわゆる互角の立ち合いができたということです。これは相抜けと言うんでしょうか、それができたわけです。

「箭を避け刀を隈るれば、焉んぞ能く通方の作者たらん」。「通方」というのは、どこでも通用するということです。鉄舟翁は、ただ一つを除いては、どこでも通用したわけです。ただ、浅利先生の前だけでは何ともいかなかった、ということです。そこを、相抜けの境地に出たところを、「妙応無方」といいます。そして「朕迹を留めず」と、やるわけです。「妙応無方」です。どこから掛かって来ても、何ともいえないピタリとした対応ができる、という境涯ができたわけです。そして「朕迹を留めず」です。対応し終わった後に何一つ残さないという境涯に鉄舟翁はお出になった。そこが「箭を避け刀を隈るれば、焉んぞ能く通方の作者たらん」です。

「針劄《しんさつ》不入《ふにゅう》の処《ところ》は則《すなわ》ち且《しばら》く置《お》く、白浪滔天《はくろうとうてん》の時如何《ときいかん》」。二つの言葉が出て来ます。「針劄不入」。針のような細かいものも入らないところと、「白浪滔天」、海の波が天にまで届いているという、全く正反対ですね。この両方があると言うんです。私たちの心にはこの両方があるんだ、というのが禅の見方なんです。私たちの心そのものに、針劄も入らないピシッと閉めきったところと、我々の心から溢れ出て、天をも覆い尽くすような、そういう両方の働きがある。

今ここでは、心を閉ざして何ものをも入れないところはしばらく置いて、というのは、こういうところは見えません。白浪滔天は見えますよね。天にも届く、と言うのですから、これは眼に見えそうです。こっちで一つ、工夫してみたらどうだろう。こういう誘いだと思います。「白浪滔天の時如何」。「針劄不入の処」はしばらく置いておこう。「白浪滔天の時如何。試《こころ》みに挙《こ》し看《み》ん」。

「白浪滔天の時」とは

そして本則です。すると、本則のここに、どんな「白浪滔天の時」が描かれているんでしょうか。謎と言えば謎ですよね。「挙《こ》す。僧《そう》、香林《きょうりん》に問《と》う、如何《いか》なるか是《こ》れ祖師西来《そしせいらい》意《い》」。達磨さんが九十を超えてはるばるインドから中国へやって来た心はどんなものですか。それに対して香林和尚が、坐りくたびれたわい、とこう言った。儂はくたびれた、と言ったというんですね。ここのどこに白浪滔天があるんでしょうか。

香林和尚という方は、十八年間、雲門大師の隠侍をしていたと言うんです。ですから、本当に雲門禅師に鍛えぬかれたお方だと思います。しかも十八年というのですから、たいへんなものです。そして雲門禅師は「言句の妙」をもって聞こえたお方です。雲門禅師のおっしゃることを衣に書いて、本当は書くのは禁じられているんですけれど、あえて衣に書いていた。布にはもったいなくて書けないので、紙の衣を着ていたといいます。そういうお方です。

鉄舟翁のことを、大森曹玄老師が頌っています。滴水――天龍の滴水禅師ですが、「滴水空海を呑却《どんきゃく》し已《や》る」とおっしゃっています。鉄舟翁を、「滴水空海を呑却し已る」と讃えております。本当にそういう方だったと改めて思います。ここでも、履歴からしてこの主人公であります香林和尚は、間違いなく、雲門大師を通して達磨さんを呑み込んでいる。今のような言い方で言えば、「雲門達磨を呑却し已」っている和尚さんだと思います。それが今日の主人公の香林和尚なんです。

その達磨さんを呑み込んでいる和尚が「坐久成労《ざきゅうじょうろう》」と答えた。「如何なるか是れ祖師西来意」。主人公は達磨さんです。問いの主人公は達磨さんです。ところが、答えた主は、その達磨さんを呑み込んでいる、達磨さんと一つになって生きておられる方。その方が、坐りくたびれた、と答えておられるわけです。

紫胡和尚と劉鉄磨の問答

本則は本則で置いておいて、また改めて見ることにいたしまして、頌の方を先に見てみます。この頌もいろいろに見ることができる詩だと思います。皆さんがいいと思うように取っていただければいいと思いますが、一つ解釈をしてみますと、「一箇《いっこ》両箇《りょうこ》千万箇《せんまんこ》、籠頭《おもがい》を脱却《はず》し角駄《にもつ》を卸《おろ》す」。これは馬のことです。馬が、おもがい、くつわを嵌められていいます、道草をくわないように。そして、「角駄《にもつ》」、背に振り分けて荷物が置かれておりますが、それが、目的地へ着いたんでしょうか、そのくつわを外してもらい、そして荷物も下ろしてもらった。これは、坐久成労のところです。ああくたびれた、と香林和尚が言っているところです。

無事、目的地へ着いて、荷物を下ろして、やれやれと言える人が、一箇か。いや、二人ぐらいいるだろう。両箇か。いや、もっといるはずだ。千万箇か、と、こういう出だしだと思います。「一箇両箇千万箇、籠頭を脱却し角駄を卸す」。どれだけの人が、荷物を下ろすことができたことだろうと。

一応そういうふうに読みまして、「左転右転《さてんうてん》するも随後《ずいご》に来たり、紫胡《しこ》は劉鉄磨《りゅうてつま》を打たんと要《ほっ》す」。これは、紫胡と劉鉄磨の話がありまして、それを頭においていただくとしますと、劉鉄磨という方は尼さんだそうです。この方は、第四則に出て来ました潙山霊祐《いさんれいゆう》の法を嗣いだ方です。それに対しまして、紫胡はちょっと先輩に当たります。潙山霊祐よりも先輩に当たります南泉和尚の法を嗣がれた和尚です。ですから、劉鉄磨という尼さんが、紫胡和尚を訪ねていくわけです。

そうすると、初めての出会いだったのかそうでなかったのかは分かりませんが、紫胡のところにも、この劉鉄磨という尼さんの評判が届いていたんだと思うんです。そして、「お前が、あの噂の劉鉄磨か」とこうやるわけです。「鉄」というのは鉄ですね。「磨」は臼だそうです。鉄の臼。劉というのは名前なんでしょうか。「あんたが噂の劉鉄磨か」。それに対しまして、尼さんは、「不敢《ふかん》」。不敢というのは「どういたしまして」というような謙遜の挨拶だそうですが、「ご機嫌いかがですか」というような意味でも使うということです。「あの噂の劉鉄磨か」ということですから、「はい、左様です」という意味も含めて言っていると思います。「それほどのものでもございません」ということだと思います。

そうしますと、紫胡が追い打ちをかけるんです。それが「左転右転」と言うんです。鉄磨は鉄の臼です。大した臼なんです。男の坊さんもなかなか勝てないんです、この尼さんに。その臼は、左まわりか、右まわりか、と茶化したんだ、と言われています。余計なことを言ったんですね。どっちまわりなんだい、とこういうふうにやるわけです。

そうしますと、「和尚、顛倒することなかれ」と、答えたそうです。そうすると、「即ち」、間をおかずにピシリと劉鉄磨を叩いた、棒で打ったと、こういう話が伝わっています。そしてこれは、「賞棒」だ、と言うんですね。賞棒ですから、「罰棒」ではないんです。褒めて一棒を与えたんだ。一棒を与えることによって、紫胡和尚も面目を辛うじて保ったんですね。そういう話が伝わっています。

「左転右転するも随後に来たり、紫胡は劉鉄磨を打たんと要す」。そうすると、これはどういうふうに訳したらいいんでしょう。問題ですよね。どういうふうに訳すか。「後に随《しりえ》う」と読めますよね。「左転右転」、どっちに回るにしても、「後に随って」、というのは何かに随って、右転し左転す、というのを言ったところだと思います。いわゆる煩悩に引かれて左転するのもだめ。仏見、法見にとらわれて右転するのもだめ、というところではないでしょうか。

そこで、左転か右転かと問われた時に、「和尚、顛倒することなかれ」という語が、さっと鉄磨の口から出たんだと思うんです。そんな見当違いなことを言ってどうするんですかと。いったい何を言っているんですか、ということですよね。そこで、「紫胡は劉鉄磨を打たんと要す」。一本やられた、てなもんですよね。そこだ、そこをしっかり忘るな、という意味での一棒です。

無一物底に出る

これと『夜叉説半偈』とを重ねて、ちょっと工夫してみていただきたいと思います。前の一六則でも出しましたが、一番最初は「諸行無常」です。次が「是れ生滅の法、生滅滅し已って、寂滅をもって楽と為す」。これが『夜叉説半偈』です。同時に、『いろは歌』の本歌でもあります。それで大事なのは転句です。みなそれぞれ大事なんでありますけれども、とくに我々にとって大事なのは、「生滅滅し已って」いるということが大事なんだ、ということでした。

ここが、垂示の最初に出て来ます「斬釘截鉄」の機という働きです。釘を斬るだけでなく、仏見、法見すらも切り尽くす働き。いわゆる「本来無一物」と言われる、「無一物」に届く働きです。そこを、「生滅滅し已って」、と言うんだと思います。どうでしょうか。そこを『いろは歌』は「有為の奥山今日越えて」と言っています。「有為の奥山」です。「作者」または「作家」という言葉があります。働きのある男、というんですね。これは働きのある男ですから、有為の働きのある男だと思います。「作家」にしろ「作者」にしろ、その働きというのは有為の働きです。ところが『いろは歌』はこれをどう訳しているかと言いますと、「有為の奥山今日越えて」ですから、『いろは歌』の方が厳しいんです。『いろは歌』は、これをもう一つ越えて、有為を越えて、有為から無為へ、と言っているわけです。

ですからここで、「生滅滅し已って」、という語は、無為の世界を示しているのです。そうすると、どうしてもここは、本来底、無一物底にまで届いていないと、だめだということになります。有為の作家ではだめなんです。有為の作者ではだめなんです。本来無一物というところまで届いていなければ、だめだと。

そのいい例が、達磨さんのお話ですから、達磨さんと武帝の問答です。武帝は本当に素晴らしい方なんですけれども、やはり有為の世界の人でしかなかった。だから、無為の世界を生きている達磨さんのことは分からなかった。というのが達磨さんと武帝との出会いだったのではないかと思います。

それで、ここをどうやって私たちは極めたらいいのか、無為の世界へ転じて行けるのか。それが私たち一人一人の問題だと思います。私もここを何とか分かってもらおうとして、いろいろ言ってみたんですけれども、みな上手くいきませんでした。それはやはり「私」の話だからです。ですから、これはぜひ皆さんが、皆さん自身で解いてもらいたい問題だと思います。それが、頌で言う、「一箇両箇千万箇」ということだと思います。これだけ人がいます。この中で一人くらいできるかな。いや、二人くらいはできるだろう。いやいや、本来みんな仏なんだから、千万人くらいできるぞ。こう読んだ方が面白いですよね。

これを上手く解ける者がいったい何人いるのか。一人くらいいるだろう。いやいや、それは淋しい。二人くらいはいるだろう。いやいや、白隠さんは「衆生本来仏なり」と言っているぞ。そうすると、千万人くらいはいるんじゃないか、とこうなりますよね。

そして同時にこれが、「籠頭《おもがい》を脱却《はず》し角駄《にもつ》を卸す」です。籠頭は煩悩でしょうか。角駄が仏見、法見でしょうか、菩提心でしょうか。ともかく、菩提心とか、仏見、法見にとらわれている限り、ものは見えない、というのが禅なのです。

どうして見えないか。それは仏見、法見にとらわれているから、というんです。とらわれをなくしてみますと、それが「直指」です。「直」という言葉です。「直に指さす」。「直」です。直に見ましょう、何にも入れないで見ましょう。仏様を入れて見るのをやめましょう、ということです。これがまた難しいんですね。

ですから大事なのは何か。「籠頭を脱却し角駄を卸す」ことなんです。それが大事なんです。どうすればこうなるかというのが大事じゃないんだと思います。大事なのはここだと思うんです。「籠頭を脱却し角駄を卸す」ことです。これは、これだけの人がいますと、それだけの方法があります。ですから皆さんが、これまでのいろいろなことを思い巡らせていただいて、そしてまた今も見て、未来も見て、そこからいかにしてこの「生滅滅し已って」という世界が出て来るか、ということを一つ工夫していただけたら、と思うわけであります。

右転の場合もあると思います。左転の場合もあると思います。しかしそれはあくまでも、何もないところから、ある時は右転をし、ある時は左転する。右転、左転と決めつけてしまうと、もうだめだということだと思います。それが「随後に来たり」です。ですから、その時その時、何もないところから右へ行くか左へ行くか、あるいは立ち止まるか決めていく、というのが禅の生き方だと思います。

ですから、「坐久成労」というこの答えが問題なんじゃないんです。これは答えの一つです。なぜならば、「如何なるか是れ祖師西来意」というのは、たくさん問われていますよね。そうしていろんな答えがあります。ですから「坐久成労」もその一つです。一箇じゃないんです。千万箇の中の一箇です。

ですから、ここはぜひ、皆さん自身がいかにしたら、「生滅滅し已」るということが自分の人生に起こるのか、それをしっかりと見極めていってほしい、そう思うわけです。

ここで、「白浪滔天の時如何」と言っております。これは「坐久成労」、解釈しますと、はなはだ疲れた、くたびれた、というのですから、元気がない情けない言葉に聞こえます。けれども、それは情けない言葉ではないんです。「白浪滔天」の「坐久成労」で、天地一杯の「坐久成労」なんです。ですから、言葉の解釈じゃないんです。ここは大事なところだと思います。どんなに言葉を解釈しても届かないわけです。言葉以上のものを、言葉を通して見極める、というのが大事なんだと思います。

達磨さんが九十歳を越えてから、はるばるインドから来られたのはどんな心なんですか。それに対して、「坐久成労」。確かこの方は八十何歳で亡くなっているんじゃないかと思いますが、自分は八十何年間精一杯生きてきたと。そして、今疲れているわい、というような感じです。達磨さんの心を精一杯生きてきた、ということだと思います。自信を持って言っているんですね。達磨さんの西来意を自分は八十何年間生きてきた、とことん生きてきたと。

だから達磨さんが武帝と問答した時、「無功徳」と言っています。武帝がこうこうこれだけのことをしましたが、どうなんでしょうかと尋ねた時、「無功徳」と言っています。「坐久成労」なんですから、当に無功徳ですよね。当に無功徳の端的ですよね。

じゃあ、それでどうなったんだ。達磨さんの心を八十何年間生きてきてどうなったんだ。ただただ、くたびれもうした、ということです。くたびれた、という実感だけが残っている。だけどこれはどうでしょうか。清々しい疲れなんだと思います。もう変な疲れじゃないんですよ。自分は何一つ得たわけではない。残ったのは、ただ疲れた、という実感だけだ。だけどそこにはどうでしょう、疲れた、という言葉を通り抜けて、清々しいものが何かスーッと感じられるんじゃないでしょうか。

そして一番大事なのはそういうことなんじゃないか。理屈じゃないですよね。ああなればこうなる、こうなればああなる、という理屈じゃないと思います。大事なのはそういうことなんじゃないか、と私は思うわけです。誰が何と言っても、自分はこうだと。疲れたと。それを人が何と批判しても、あれこれ言おうとも、ともかく疲れたと。そして、自分はそれで十分だ、自分のいのちをそこにかけて満ち足りている。大事なのはそういうことなのではないでしょうか。

己なき世界

あと、これに関する話をさせてもらいますと、私の話ではないんですけれど、この人は確かにここのところに行ったな、という話があります。話した方がいいのか話さないほうがいいのか分からないのですが、私たちの心というのはどうなんでしょうか。一人一人違いますよね。心というのは一つ一つ違うと思います。

こうやって同じく集まってみても、一人一人の心はいろいろありまして、一つ一つ同じではないと思うんですね。ですからここの乗り越え方も一つではない。二人の例を挙げてみますと、ある一つのこと、一つの事実を句に詠んだのです。俳句です。五・七・五に詠んだのです。

一人は、「三千大千《みちおおち》に　虫哭すなり　逝きたもう」と詠んだのです。虫が大千世界に届くような大きな声で鳴いていると。「虫哭すなり　逝きたもう」です。師が逝きたもうです。お師匠さんがお亡くなりになった。それを悲しんで、庭の虫たちが大千世界を一杯にする声で鳴いている。こういう句を詠みました。

ある人は、この方もお弟子さんですが、この同じところを「一炷の坐」、線香一本ですね。「一炷の坐　亡き師に捧ぐ　虫時雨」です。これはどうでしょうか。一炷の坐の方に焦点がきてますよね。片方はそうではない。三千大千世界です。そちらの方に焦点がいっています。

このように、同じ事実を詠んだにしても、全然人によって違うわけです。我々の心というのはそういうものだと思うんです。ですから、この第三句、転句を、これはこうだ、と言っても、それは言っている人が言っているに過ぎないと。解釈するのを諦めまして、これは皆さんが皆さん自身で、見つけ出していただかなければならない。

ただその「一炷の坐」と作ったほうの方ですが、この方は絶えずリラックス、力を抜くということを心掛けてきた人なんです。そしてこの人はゴルフが好きだったそうです。ゴルフは好きだと、どうしてもとらわれますよね。ある時ふと、ゴルフから離れることができた、と言うんです。では、嫌いになったかというとそうじゃないそうです。やれば楽しいし、好きなんだけれど、とらわれなくなった。ある時とらわれなくなった、それがこの有為から無為へ、ということなんだと思います。とらわれなくなるということは、嫌いになることではありません。

そして、その人がある一人の人の例を出しているんです。それは誰かと言うと、名前を聞いたのですけれども、今思い出せません。ある女優さんだそうです。若い女優さんだ、という感じでしたね。その人はブランド志向だったらしいんです。力を抜こうと主張している人はゴルフにとらわれていた。ゴルフが好きだった。ところがその人が例に出した女優さんはブランド志向で、よくそういう買い物をしていた。ある時、何があったんでしょうか、その時を境に、そのブランド志向がなくなった、というんですね。

そうするとどうなったかというと、楽になったと、その女優さんがテレビで語っていたそうなんです。そしてそれを聞いて、ああこの人は本当に抜けたな、と思ったと。力を抜くことを主張していた人が語ってくれたんです。面白いですよね。最後は「寂滅をもって楽と為す」です。楽という字が出て来ますよね。

ブランド志向が落ちた、なくなったと。嫌いになったわけじゃないです。やはりブランド物は好きだけれども、とらわれがなくなるわけです。そうすると楽になった、とこう言っているんです。力を抜くということも一つのポイントだと思います。

ですから一般論からいきますと、この「生滅滅し已って」、というところに、『般若心経』でいう空の世界がかかっていると思うんです。力を抜く、ですから。どこにも力を入れない。それを心ということで言うと、心にもとらわれなくなる。そして女優さんを引っ張り出しまして、楽になったと肯定しているわけです。

ですから、この「生滅滅し已」るということが、この世を生きていく上での秘訣なんだと思うんです。禅が提示する一つの秘密なんだと思います。八万四千の法門がありますよね。八万四千もたくさんあったら、そのうちのどれを取ったらいいか、と悩みます。八万四千も学ばなければいけない。けれど「空」一つでいいと思うんです。「空」一つで、そこにピントを当てて、自己に問うていただければいいと思います。そうすると、ぽかーんと、楽な世界というのが生まれてくるのではないでしょうか。

ここでは「坐久成労」と言っております。「坐久成労」という言葉を発しながらも、香林和尚はそこを楽となしていると思うわけです。疲れていても、それが一番楽だという、そういう「坐久成労」でもあると思っていただけたら、たいへんありがたいと思うわけであります。

「涅槃寂静」といいます。これを日本語に訳しますと、「己《おのれ》なきものに安《やす》らいあり」となります。「空」とは、己なき時に生じるものです。ですから、「生滅滅し已って」、そこを「寂滅と為す」と、最後の句で言い換えているわけです。「寂滅」こそが、「涅槃寂静」の世界です。しーんとした中に、何とも言えぬ明るさがあると、無文老師がよく話された世界であります。

もう一つ前に持って来ますと、「空」という世界は、己なき世界です。己なきとは何か。生も滅し、滅も滅しきって、無一物の世界です。武帝のように、何の功徳かある、と問いようのない世界です。その功徳も大切なんでしょうけれども、どうして問う必要がないかというと、満ち足りているから、あえてその功徳を問う必要がない、ということだと思います。もっとも自分に近い親しい世界だと思います。

無縫塔を作れ——第一八則「粛宗請塔様」

【本則】挙《こ》す。粛宗皇帝《しゅくそうこうてい》忠国師《ちゅうこくし》に問《と》う、「百年《ひゃくねん》の後《のち》、須《もと》むる所《ところ》は何物《なにもの》ぞ」。国師《こくし》云《いわ》く、「老僧《ろうそう》の与《ため》に箇《こ》の無縫塔《むほうとう》を作《つく》れ」。帝《てい》曰《いわ》く、「師《し》の塔様《とうよう》を請《こ》う」。国師《こくし》良久《しばらく》して云《いわ》く、「会《え》すや」。帝《てい》云《いわ》く「会《え》せず」。国師《こくし》云《いわ》く、「吾《われ》に付法《ふほう》の弟子《でし》の耽源《たんげん》なるものあり、却《かえ》って此《こ》の事《じ》を諳《さと》る。請《こ》う詔《め》して之《これ》に問《と》え」。国師遷化《こくしせんげ》の後《のち》、帝《てい》、耽源《たんげん》を詔《め》して、「此意如何《このいいかん》」と問《と》う。源《げん》云《いわ》く、「湘《しょう》の南《みなみ》、潭《たん》の北《きた》」。雪竇《せっちょう》著語《じゃくご》して云《いわ》く、『独掌《どくしょう》浪《みだ》りに鳴《な》らず』。「中《なか》に黄金《おうごん》有《あ》って一国《いっこく》に充《み》つ」。雪竇《せっちょう》著語《じゃくご》して云《いわ》く、『山形《さんぎょう》の拄杖子《しゅじょうす》』。「無影樹下《むえいじゅげ》の合同船《ごうどうせん》」。雪竇《せっちょう》著語《じゃくご》して云《いわ》く、『海《うみ》は晏《おだ》やか河《こうが》は清《す》む』。「瑠璃殿《るりでん》上《じょう》に知識《ちしき》無《な》し」。雪竇《せっちょう》著語《じゃくご》して云《いわ》く、『拈《ねん》じ了《おわ》れり』。

【頌】無縫塔《むほうとう》、見《み》ること還《かえ》って難《かた》し。澄潭《ちょうたん》は許《ゆる》さず蒼龍《そうりゅう》の蟠《わだかま》るを。層落落《そうらくらく》、影団団《えいだんだん》。千古万古人《せんこばんこひと》の与《ため》に看《み》せしむ。

「無縫塔」とは

本則から入ります。粛宗皇帝《しゅくそうこうてい》と書いてありますが、歴史に詳しい人は、粛宗皇帝ではなくて、代宗だと言います。粛宗という方は、かの有名な玄宗の息子さんです。この粛宗皇帝の息子の代宗の時代だろう、というわけです。その代宗皇帝が、忠国師《ちゅうこくし》に問いました。

「百年《ひゃくねん》の後《のち》」ということは、貴方がお亡くなりになった後、ということのようです。貴方がお亡くなりになった後、「須《もと》むる所《ところ》は何物《なにもの》ぞ」、何をしてさしあげたらよろしいでしょうか、という質問を、ある時、皇帝が忠国師、慧忠国師に聞いたわけです。国師と言われる方ですから、国の師匠、国家の師匠ということです。

そうしますと、「国師云《こくしいわ》く、老僧《ろうそう》の与《ため》に箇《こ》の無縫塔《むほうとう》を作《つく》れ」と言ったというわけです。

しかし、この皇帝の問いというのはどうでしょうか。国師にとってあまり嬉しくない問いだったんだと思います。ともかくそう問われたので、「箇《こ》の無縫塔《むほうとう》」、一箇の無縫塔を作れと答えます。

そうしますと、「帝曰《ていいわ》く、師《し》の塔様《とうよう》を請《こ》う」と。それはどのようなお墓なんですか、と。お墓の図面を一つお示しいただけませんでしょうか。というのは、普通の塔じゃないんですね。無縫塔と言っております。縫い目の無い塔、継ぎ目の無い塔というわけですから、それはいったいどのような塔様なのか、それをお示し願いたい、と問いかけます。すると、「国師良久《こくししばらく》して云《いわ》く」。しばらくじっとしていた、それを「良久」と言うわけです。無言で過ごしてそれから口を開くんです。

「会《え》すや」。お分かりですか、と。さあ、これは国師のお気持ちはどんなお気持ちだったんでしょう。そう問われて、皇帝は正直に分かりません、と答えるわけです。そうしますと、国師が言いますには、「吾《われ》に付法《ふほう》の弟子《でし》の耽源《たんげん》なるものあり」。私に、法を付した、跡継ぎにした耽源という弟子がおります、と。「還《かえ》って此《こ》の事《じ》を諳《さと》る」。この事を承知しております、と。「請《こ》う詔《め》して之《これ》に問《と》え」。どうか、詔して耽源に問うてください。こう答えるわけです。

ところが、皇帝はすぐ呼ばないわけです。遷化した後のことになるわけです。「帝《てい》、耽《たん》源《げん》を詔《め》して此意如何《このいいかん》」。実は、生前あるお願いをした時に、このような答えをいただいた。

いったい、どういうような意味なんだろうか、と問います。そうしますと、「源云《げんいわ》く」と言って、耽源禅師の思いが述べられるわけです。

ここまでの問題は、禅というのはやはり死後の問題ではないわけです。生きている今が大事だとするのが禅の生き方です。でも世間的に言えば、たいへんお世話になりました、だから、ぜひ何でも言ってください。生きている限りは、何か思い立ったら言うでしょうけれど、亡くなったら口が利けませんから、今のうちに亡くなった後、何がお望みか、一つぜひ聞かせてください、ということはよく分かるわけです。そうなんでしょうけれども、国師が一番願ったことは何なのでありましょうか。代宗皇帝そのものが仏法というものをしっかりと捉まえてくださる、ただそれだけではなかったでしょうか。

国師のお答えは、「老僧の与に箇の無縫塔を作れ」ということでした。無縫塔ですから、ある意味で無の塔ですよね。無の塔ですから、どうなんでしょうか。作らなくてもいいのかもしれません。

今そこに忠国師がおります。皇帝の目の前に忠国師はいるわけですが、それがお亡くなりになる、ということは、目の前にいなくなるわけです。そしたら、そこにどんな世界が現前するんでしょう。それを答えたのが耽源だと思うのです。「湘《しょう》の南《みなみ》、潭《たん》の北《きた》」とこう言っております。湘というのは南の果てにあった土地の名前で、一番北の端には潭という地方があった。南から北までずっと。「湘の南、潭の北」と。

それに対しまして、雪竇禅師が「著語《じゃくご》して云《いわ》く、『独掌浪《どくしょうみだ》りに鳴《な》らず』」という語を著けています。これはどんなふうに取ったらよろしいのでしょう。一つの取り方は、「湘の南、潭の北」というのは、一つの大きな世界を持ち出したわけです。大きな世界を弟子の耽源は持ち出したのですが、それに対しまして、後世の雪竇禅師が「独掌」、片手ですね、片手は「浪りに鳴らず」。片手一本では音が出ませんですよね。両手で始めて音が出るわけです。

「独掌浪りに鳴らず」というのは、皇帝から問いかけられた時の、慧忠国師のありようだと思います。どのような塔の形なんですか、と。無縫塔というのは、どのような塔様なんですか、という問いかけに際して、「良久《しばらく》して」です。「良久」というのは、坐ったままじっとして、ですね。そしてやおら「会《え》すや」と言いました。塔様については無言ですよね。その国師の無言のところを、「独掌浪りに鳴らず」と言ったんだと思います。

ですから、雪竇禅師の著語の心は、一言も言わなかった国師のお心を、よくぞピタリと言い留めてくれた、という耽源に対する称讃の言葉だと思います。「独掌浪りに鳴らず」ですよね。間違いないぞ、確かに国師はそういうことを言いたかったんだ、とこういうふうになるんじゃないでしょうか。

山形の拄杖子——不生の仏心

そして、「中《なか》に黄金《おうごん》有《あ》って一国《いっこく》に充《み》つ」。「湘の南、潭の北」という、非常に大きな世界、大中国でありますから、その「中に黄金有って一国に充つ」。中に黄金があって、それが国中を賑わせている。これはなにか分かりますよね。黄金というのはそこに住む一人一人だと思います。一人一人がいて、それはもう国一杯に、一国をなしている、国を作り上げている、ということだと思います。

そこに、「雪竇《せっちょう》著語《じゃくご》して云《いわ》く、『山形《さんぎょう》の拄杖子《しゅじょうす》』」。「山形」ですから、まだ山に生えている時の姿を変えないままの、切りたての拄杖子だと、こう言っています。これはいったいどういうお気持ちなんでしょうか。「湘の南、潭の北。中に黄金有って一国に充つ」。私たち一人一人が黄金だ、というわけです。それも、鍛えに鍛えてそうなんじゃない。生まれながらにそうなんだ、ということだと思います。「山形の拄杖子」です。あるいはまた、生まれたままで、とも言えるわけです。

ただ、仏教の場合には、自覚できるということが大事なんです。自覚できた時、それが働き出すわけです。ですから、自覚できた人から見れば、自覚できた人だけがそうなのではないんです。自覚してみると、自分だけではなく、みんなそうだ、とこうなるわけです。そういった意味ではまさに、「山形の拄杖子」と言えると思います。

もう一つは、こういう話があります。雪峰禅師の話です。禅のお師匠さんとしては、禅の歴史でたくさんいる中で、ナンバーワンであろうと讃えられている雪峰禅師です。その雪峰禅師が、兄弟子の巌頭《がんとう》と一緒に行脚しておりまして、大雪に降られまして、宿屋に何日か足止めをくったことがあります。その時の巌頭との問答の中で、巌頭に今までどんな行脚をして、どんなことがあったか言ってみろと言われまして、言い出すんです。例えば、塩官禅師のところへ行った。塩官禅師というのは、有名な馬祖和尚の法を嗣いだ方であります。その塩官禅師にお目にかかっているんです。そこでこういうお話を聞いたということを語るわけです。

それを読みあげてみますと、「それ諸仏の本源は」と。諸《もろもろ》の仏さん方の大本のところ、源のところは、「衆生の本有なり」と言っています。衆生も同じく持っているんだ、ということです。本来持っているんだ、と。諸仏の根源は、衆生も本来持っているんだ、同じだ、とこういうふうにある時言われたそうです。

ところが、そこを自覚できない人はどんなふうにそこを見ているか、自覚した人はどういう見方をしているか。「色即是空、空即是色」というのは『般若心経』でありますが、その『般若心経』の「色」と「空」という言葉を使ってそこを表現しているのです。

迷う人たちの見方はこうなんです。「迷う時は空をよんで色と為し」と言っています。自覚のできた人はどう見るかというと、「色をよんで空と為す」とこう言っています。その違いだけだ、と言うんです。「空をよんで色と為し」、これはどういうことでしょうね。本来は、「色空明暗、ついに差別無し」、違いはないんだ、と言うんです。「看破すれば亦た同じ」。看破してみると、色空は不二なんだ、とこう言っているわけです。そこで大いに悟った気がした、と言うんですけれども、巌頭は認めないんですね。そんなんじゃだめだ、と言うんです。

でもこれは面白いと思うんです。ちょっと考えてみてください。「色」と「空」とありますよね。そして『般若心経』でいつも言っていることは、「色即是空」となります。そうするとすぐ打ち返して、「空即是色」と言っています。ここで大事なのは、空を通ってということです。「即」であればすぐ直接行けるとも思うんですが、我々はなかなかそうは行きませんで、遠回りをして空に辿り着いて、また「空即是色」と言われながらも、遠回りをして色に帰ってくる、そういうのが現実なわけです。

そこで、まだ空と出会ってない色と、空を通って帰ってくる色とを区別して、前者は単なる「有」、形あるものです。その形あるものが、形のないものであると分かって、そしてずーっと帰って来て、ここへ帰って来た時の色を「妙有」と言うんだ、とこういう話でした。「妙」が付くわけです。妙の一字で、「空」の大事を説くわけなんですね。「山形の拄杖子」というのはこれですよね。取りたて、取ったままです。何一つ坐禅したわけではないんです。取りたての「拄杖子」です。「本有」というのはそういうことです。それに気が付くだけだ、ということです。いわゆる「不生の仏心」ということです。「不生の仏心」を持って生まれて来ているんだ。それに気が付くだけだと。だけど、この自覚ということが大事なんです。自覚できない場合は無自覚となります。そこで、生まれながらに仏心を、仏と同じ本質を持っているんだ、と言われても、なかなか信じられません。だから、どうしても苦労して空に出会って、そしてすっと色に帰ってくるということが大事になってくるわけです。

「中に黄金有って一国に充つ」。みんな一人一人が間違いなく黄金なんだ、と言ってくれているんですけれども、何が黄金なんだ、どこに黄金があるんだ、と思うのが現実です。しかし、自覚できた人の眼から見たら、自覚した自分だけじゃありません。みんなみんな、確かにそうだ、黄金だ、ということになるんじゃないでしょうか。

そこで、「無影樹下《むえいじゅげ》の合同船《ごうどうせん》」という語に入ります。「無影樹下」というのは、真っ昼間だそうです。真っ昼間に、お天道さんがものの上に来ますと、影がない、できない。そこでは平等です。頭上に太陽が来た時には、全てのものの影がなくなります。そこで「無影樹下の合同船」。ここでは「合同船」です。みな同じなんです。影がない。そして合同船に乗っかっている。「無影樹下」です。「無縫塔」ですよね。そこへ、「雪竇著語して云《せっちょうじゃくごいわ》く、海《うみ》は晏《おだ》やか河《こうが》は清《す》む」。平等の世界でありますから、非常に穏やかな語を付けているのであります。

「瑠璃殿上《るりでんじょう》に知識無《ちしきな》し」と耽源が言ったところ、そこに雪竇さんが著語しまして、「拈《ねん》じ了《おわ》れり」と。もういい、というような感じです。「瑠璃殿上」というのは、瑠璃でできた御殿には、本当の知識は誰もいないぞ、というんです。これはいったいどういうことを言っているのでしょうか。もう少し言いたかったのかもしれませんが、雪竇さんは「拈じ了れり」と、もうやめい、と言ってやめさせた感じがあります。

仏の自覚をもつ

そこで、最後の雪竇さんの頌を見てみたいと思います。「無縫塔《むほうとう》、見《み》ること還《かえ》って難《かた》し」と雪竇さんは言っております。国師が言われた無縫塔という塔は、「見ること還って難し」。見ようと思うと、還って見えなくなる。生まれたまんま仏だ、とスーッとこう信じられる人は幸せです。どうしてこの私が仏なのか、と思ったら、もうなかなか仏さんには出会えない。「還って難し」です。

次ぎに「澄潭《ちょうたん》は許《ゆる》さず蒼龍《そうりゅう》の蟠《わだかま》るを」と言っております。清く澄んだ淵の水は、蒼龍がそこに住むことを許さない。蒼龍ですから、海千山千の龍です。中に住んでいれば波紋を立てますよね。ですから、「澄潭」には蒼龍は住まないぞ、と。これが「瑠璃殿上に知識無し」というところなんでしょうね。「瑠璃殿上」と耽源が言った言葉と、この「澄潭」が相対しているんだと思います。澄潭には、海千山千の真っ青な龍は住んでいないぞ、と。

「層落落《そうらくらく》、影団団《えいだんだん》」。その無縫塔という塔は、「層落落」です。ここ祥福寺の塔は二重の塔なんですが、下から見ると誰も二重の塔と言いません。「少なくとも三重の塔でしょう、五重の塔でしょう、見せてください」と来るんですが、実際には二重の塔です。そうすると、一つ一つ段落がありますよね。それが「落落」ということだと思います。「層落落」。この無縫塔は何重の塔か。これはもう何重の塔か口では言えないくらい塔が重なっているんだ、と言いたいんでしょう。「層落落、影団団」、その塔が作る影も「団団」です。丸い影をそこに幾重にも幾重にも落としている。何せ「一国に充つ」わけでありますから。我々一人一人が仏さんだ、と言ってくれているわけですから。「千古万古人の与《ため》に看せしむ」。それを、千古万古の昔から、たくさんの人に無縫塔が示してくださっている、と言うのです。

ある意味では、この無縫塔というのは「空」の別名です。「空」ということを、この無縫塔ということで表したんだと思います。「色即是空」の「空」のところです。いわゆる、別の言葉で言いますと、「色」のところは「色身」と言いますね。この肉体、この形を持った身体が「色身」です。それに対して「空」のところは、「空身」とは言わないんです。「空身」という言葉は聞いたことがありません。「法身」と言います。法の体。ここなんです。形あるこの色身が、坐禅することによって、空である、という自覚にいたる。これが大事だ、ということです。

ですから、国師である慧忠禅師から見たら、間違いなく代宗の治める唐の国の人々は、皆仏に見えたんでしょう。だけど、気が付かない人が多いんです。圧倒的に気が付いていない人が多いと思うんです。気が付いていない人も、実際は仏なんです。そう見えるのが忠国師の眼であり、耽源の眼であり、また雪竇の眼だと思うんです。この三人にしてみれば、悟っていても悟っていないにしても、みんな仏なんだ、というのがそのお気持ちだと思います。

ところが、やはり自覚に出ないと使えないわけです。ですから、いつも言うんですが、大拙先生のお言葉でいう、“Living in Zen”なのです。みんなみんな禅の中で生きているわけです。そして先生は、自覚に出たところを“in”を“by”に変えています。“Living by Zen”です。これが非常に大切なんです。

昔の人は、本当に純真でした。あるお婆さんが、歳をとって和尚さんに会うのも最後かもしれないから、一番いい話をしてくれ、と頼んだそうなんです。じゃあ今日話そう、と言って、「あんた仏だぞ」と言ったそうなんです。ところが、そう言っても、だんだん耳が遠くなっていて、ましてや自分ではそんなこと思ってもみませんですから、聞き違えたと思ったんでしょうね。「和尚さん、もっと大きな声で言ってください」と言ったそうです。それで、和尚さんは大きな声で言ったそうです。そしたら驚いて卒倒してしまった。

そういう純真な人なんですね。「この私が仏だなんて」って。声が大きいから卒倒したんじゃないと思います。ところが、今の人はそういうことを言われたって、信じません、信じられません。だからこれは、自分で自覚するしか手がないんです。本当に淋しいことであります。

代宗は国師に問いかけた時、果たしてそういう自覚に出ていたのか。それはやはり、何度も何度も慧忠国師の話を聞いていますから出ていたのかもしれません。あるいは、出ていなかったのかもしれません。出ていたのだったら、何で死んだ後のことを聞くのか、という気持ちが忠国師になくはないと思うんです。そんなことで、こういう問題が起きたわけです。

平等の世界へ

『洞山録』という書物がありまして、そこに似たような話が出て来ます。洞山ですから、曹洞宗を始めた方です。ですから、今日のお話よりもちょっと後の時代になります。洞山のお師匠さんが雲巌禅師なんです。洞山がちょっと他所で修行してきたい、ということになりまして、暇乞いをするわけです。洞山はほとんどでき上がっているんですが、あとちょっとのところがどうしてもできない。そこで、ちょっと他所へ行って気分を変えてきます、ということなんでしょうか。

そこで、洞山が「行くに及んで」、こういうことをお師匠さんに問うんです。「問う、百年の後」、代宗も百年の後でしたね。「百年の後、人有って、また師の」、お師匠さんの「真を獲得するや、と問わば如何が祇対せん」。お師匠さんの真をしっかりと掴んだか、と聞かれたら、なんて答えたらよろしいでしょうか。そういう問いを洞山はするんです。そうすると、雲巌の答えも同じなんです。「良久」するんです。「良久して曰く」で、全く同じです。「良久して曰く、祇だ這れ這れ」。

忠国師は、「会すや」と言っただけです。ところが、雲巌禅師は「祇だ這れ這れ」と言ってくれたわけです。だから、良久したところを見よ、というんでしょう。良久したところ、そこだ、ということです。

ところが、さすがの洞山もその時は分からなかった。「師、沈吟するのみ」となっています。そこで雲巌が注意をするわけです。「价闍黎、個の事を承当せんには大いに須く審細なるべし」。細やかでなきゃ分からんぞ、とこう言うんです。それでも「師猶お疑に渉る」。まだ疑いが晴れなかった。「後に因みに水を過ぎて」、これは有名な「過水の偈」と言うんですが、「影を睹《み》て大いに前旨を悟る」。影が大事なんです。「影団団」です。円やかな影を落としている。「影を睹《み》て大いに前旨を悟る」。影を見て悟ることができた。雲巌禅師の言っていることが呑み込めた。こういうふうになっております。

私たちはよく「無事」という言葉を使います。「おかげさまで、無事一夏終わりました」なんて言います。本当にその言葉通りだったらいいんですけど、そうじゃありませんよね。なかなかいろいろなことがあるんですよね。ここは百十日ですけれど、百十日の間にはいろいろなことが起こります。とうてい無事ではないんですけど、それでも終わる時は、おかげさまで一夏無事円了しましたなんて、しゃあしゃあと言うんです。

どうしてそういうふうに言えるか。それが大事なんです。言えるということが大事なんです。どうして言えるかというと、それはこの空の世界を持ってきて初めて言えるんです。空の世界があるから、いろいろなごたごたがありながらも、それでも一夏無事円了しましたなんて言えるわけです。だから、いかにこの空という世界が大事な世界であるか、ということだと思うんです。

修行の場がここです。この修行の場から、空の世界を遥かに望んで修行するわけです。この空という世界を通ってここに帰ってくるから、いろんなことがあってもたいしたことはない、どうってことない、と言えるわけです。肝腎要のことはここにあるんだ。今生きているここにあるんだ、ということです。そんな感じで、全てを円満にしてくれる。まさに「影団団」です。そういう影を、この空というのは担ってくれているんだと思います。

ここに真の平等の世界があります。そこのところを、「千古万古人《せんこばんこ》の与に《ため》看《み》せしむ」。分かってもらいたい、というんだと思います。空の自覚によって、空を自覚することによって、そういうふうなことがうなずけるぞ、本当のことなんだぞ、ということです。人の一生でも言いますよね。「終わりよければ全てよし」なんて言います。そこにも空の力が働いていているんだと思います。空を味わっていただくことによって、本当にそうだ、というふうに思えるようになるんだと思います。

忠国師の「良久」の無言と、耽源の「湘の南、潭の北」は同じなんです。大小の別はありますす。しかし、大事なのは、ある時は大きくなり、ある時は小さくなる、というその働きにこそ、その真があるわけです。ですから、いろんな人が言っていますけれど、今日は臨済禅師の簡単な言葉をぜひ覚えていただきたいと思います。「心法無形」と言います。形がない。空だ、ということです。色のところでなくて、空のところで見るんです。「心法無形、十方に通貫す」。「通貫十方」という書き方になります。貫いて通っている。どこに。十方です。この空間に充ち満ちている、とこういうわけです。どこにでもあるわけです。ですから私たちが見るところ、そこには必ずあるわけです。ある時は小さくなってそこにあるんです。ある時はこのように、「湘の南、潭の北」という形であると思います。

「山形《さんぎょう》の拄杖子《しゅじょうす》」ということで、雪竇は、分からないなんて言ってくれるなよ、みなさん一人残らずそうなんだぞ、と言いたいんでしょうね。切りたての拄杖子なんだ、条件抜きなんだ、と言いたいんでしょう。

「海《うみ》は晏《おだ》やか、河《こうが》は清《す》む」。ここは平等の世界なので、非常に広やかな世界を出しておりまして、我々の一人一人が、森羅萬象が差別のままで平等なんだ、ということでしょうね、そういっておいて、「瑠璃殿上《るりでんじょう》に知識無《ちしきな》し」。そのおだやかな世界に腰を据えると問題だぞ、だめだぞ、と言っているのだと思います。

一花開いて世界起こる――第一九則「倶胝指頭禅」

【垂示】垂示《すいじ》に云《いわ》く、一塵挙《いちじんあが》って大地収《だいちおさ》まり、一花開《いっかひら》いて世界起《せかいおこ》る。只《た》だ塵未《ちりいま》だ挙《あが》らず、花未《はないま》だ開《ひら》かざる時《とき》の如《ごと》きは、如何《いかに》か眼《まなこ》を著《つ》けん。所以《ゆえ》に道《い》う、「一綟糸《いちれいし》を斬《き》るが如《ごと》し、一《いち》斬《ざん》すれば一切斬《いっさいざん》。一綟糸《いちれいし》を染《そ》むるが如《ごと》し、一染《いっせん》すれば一切染《いっさいせん》」と。只《た》だ如今《いま》便《すなわ》ち葛藤《かっとう》を截断《せつだん》して、自己《じこ》の家珍《かちん》を運出《うんしゅつ》せば、高低普《こうていあまね》く応《おう》じ、前後差《ぜんごたが》うこと無《な》く、各各現成《おのおのげんじょう》せん。儻《も》或《し》未《いま》だ然《しか》らずんば、下文《かぶん》を看取《み》よ。

【本則】挙《こ》す。倶胝和尚《ぐていおしょう》、凡《およ》そ所問《しょもん》あれば、只《た》だ一指《いっし》を竪《た》つ。

【頌】対揚深《たいようふか》く愛《あい》す老倶胝《ろうぐてい》、宇宙空《うちゅうくう》じ来《き》たって更《さら》に誰《たれ》か有《あ》る。曾《かっ》て滄溟《うみ》に浮木《ふぼく》を下《おろ》して、夜濤相共《やとうあいとも》に盲亀《もうき》を接《せっ》す。

「一塵、挙る」

垂示の一番最初のところで、ある意味でもう禅は尽きているわけです。圜悟禅師がなんと語りかけてくれているかというと、「一塵挙《いちじんあが》って大地収《だいちおさ》ま」る、とおっしゃってくれています。これでもう終わり、と言ってもいいくらいのことです。一つの塵です。ほんの微かな小さな塵が、スーッと舞い上がった。そこに「大地収ま」る。大地から飛び出てきた感じの、その小さな小さな塵に、もとの出所の大地が、かえって全部収まっている。はなはだ矛盾した言い方です。しかし、その矛盾したところに禅のいのちがあるわけです。

この頌を作ってくださっております、雪竇禅師のお師匠さんをずっと遡っていきますと、雪峰禅師にぶつかるわけです。雪峰禅師が、まだお悟りの眼が開けませんで、たいへん苦しんでいた時、巌頭和尚、例の、渡し守をしておりまして、盗賊に殺されたと言われておりますが、その巌頭和尚に問い詰められるわけです。まだ悟れないのか。一つ、今までどんな体験をしてきたのか言ってみろ、いちいち言ってみろ、と言われるわけです。そして、語り出すわけです。そして最後の一言で、その場で雪峰禅師はお悟りを開かれるわけです。

どういうことを雪峰禅師はその後ことあるごとに言ったかといいますと、「蓋天蓋地《がいてんがいち》す」と。こういう言葉をしきりに使ったそうです。巌頭和尚にいじめられて、瀕死の底から甦ったその一言は、「蓋天蓋地す」ということで、そこに新しいいのちを見出していったわけです。「蓋天蓋地」ですから、宇宙一杯ということです。天地一杯です。ですから、「一塵挙る」とは、宇宙全体からみればほんの微かなことです。その一塵わずかに挙がったというそこに、全てのものが収まっているという。これはいったいどういうことを言っておられるのでしょうか。

次も同じような言葉です。「一《いっ》花《か》開《ひら》いて」、一つの花が開いただけで、「世界《せかい》が起《おこ》る」。世界が起こると言えるような、そういうところに禅の働きがある、ということなんだと思うのです。

そうしますと、それはそれでいいとして、「只《ただ》だ塵未《ちりいま》だ挙《あが》らず、花未《はないま》だ開《ひら》かざる時《とき》の如《ごと》きは」。そうだとしたら、挙がらない時はどうなのか、開かない時はどうなのか、と聞きたくなりますよね。「如何《いかに》か眼《まなこ》を著《つ》けん」。どのように眼を付けたらよろしいのか。「所以《ゆえ》に道《い》う」。そこでこういう言葉がありますぞ、ということです。「一綟糸《いちれいし》を斬《き》るが如《ごと》し」。一束ねにした糸、糸束を斬るようなものだ。「一斬《いちざん》すれば一切斬《いっさいざん》」。刀で一本の糸を斬ろうとすれば、一束にしていますから、全体が斬れる、ということです。ましてや、莫《ばく》耶《や》の名剣、干将《かんしょう》の名剣で斬ったら、正宗のような名刀で斬ったら、間違いなく一束ごっそり斬り落とせる。「一綟糸を染《そ》むるが如《ごと》し」。一束の糸を染めるようなものだ。「一染《いっせん》すれば」。一本の糸を染めようとすれば、「一切染《いっさいせん》」、一切が染まるではないか。そのように、ここでは倶胝《ぐてい》が指一本をスーッと挙げることによって、全世界が持ち上げられるんだ、というような大法螺を吹くわけです。

「只《た》だ如今《いま》便《すなわ》ち葛藤《かっとう》を截断《せつだん》して、自己《じこ》の家珍《かちん》を運出《うんしゅつ》せば」。「葛藤」というのは、この公案の葛藤でしょうね。言葉の葛藤を干将・莫耶の名剣を持ち出して截断する。言葉に迷わされないで、むしろ正宗の名刀を使う自己の方に取って返してです、「自己の家珍を運出せば」。自己の家珍を運出したところが名刀を取り出したところです。

「高低《こうてい》普《あまね》く応《おう》じ、前後《ぜんご》差《たが》うこと無く、各各《おのおの》現成《げんじょう》せん」。自己の家珍たる名刀を持ちだして、――現代風に言葉を変えますと、自己の家珍である主体性にもとづいて、ここは殺人刀を揮うべきか、ここは活人剣を繰り出すべきか、しっかと状況を把握して、「高低普く応じ、前後差うこと無く」その刀の働きを現成させたらいいんだ、ということだと思います。

「儻或《もし》未《いま》だ然《しか》らずんば」。もしまだそういう働きに至らない、と言うんだったら、「下文《かぶん》を看取《み》よ」。そして下文が見られているわけですが、今日のところは言葉も少ないですね。

「只だ一指を竪つ」

「挙《こ》す。倶胝和尚《ぐていおしょう》、凡《およ》そ所問《しょもん》あれば、只《た》だ一指《いっし》を竪《た》つ」。倶胝和尚という方は、「凡そ所問あれば」、問われれば、全て「只だ一指を竪つ」、一つの指をスーッとこう持ち上げることで答えとした、ということです。そして一生そうだった、というんです。「一生受用不尽」という。一本の指を用いて尽きることがなかった、ということが伝えられているわけです。

頌に入ってみます。「対揚《たいよう》深く愛す老倶胝《ろうぐてい》」。これはどうなんでしょうか。いろいろに取れるでしょうけれども、「対揚」です。指を挙げる「揚」を感じさせますね。問いかける修行者に対して、スーッと一本指を挙げて答えとした。「深く愛す老倶胝」。「深く愛す」というのは、倶胝がそのスーッと一本指を挙げるのを愛するとも取れます。あるいは、この頌を作りました雪竇禅師がその「対揚」に深く惚れ込んで、その対揚はすばらしいですね、倶胝さん、と言っているようにも響きます。

いずれにしても、「宇宙《うちゅう》空《くう》じ来《き》たって更《さら》に誰《たれ》か有《あ》る」。宇宙を全部空じてしまった、全宇宙を空じてしまった、ということですね。一本の指をスーッと挙げるだけで、大地を収め取るどころか、全宇宙を空じきってしまった、と持ち上げるわけです。「更に誰か有る」。今までこんなことができた人が、いったい倶胝の他に誰かいたであろうか、と持ち上げる時は持ち上げるんですね。そんなことをやってみせたのは、倶胝さん、あんただけだと。

ところがそれだけでしたら簡単なようなんですけれど、後に続く句が重たいのです。「曾《かっ》て滄溟《そうめい》に浮木《ふぼく》を下《おろ》して」。昔、大海原に一本の木を放り込んで、何をするかというと、「夜濤相共《やとうあいとも》に盲亀《もうき》を接《せっ》す」。「夜濤」とは夜の海ですね、夜の海の波です。「相共に」、真っ暗な中にしぶきを上げる大波と共に、「盲亀を」、盲目の亀を助けようとする、接得しようとする。一本の木と夜の海とが。

「浮木」というのは一本指だと思います。この大宇宙に一本指を挙げて。まだこれは明るいうちだったらいいんですけども、「夜濤」と書いています。夜です。夜の波濤が押し寄せてやまない大海原で、その投げた浮木は揺れに揺れ、流れに流されているんだと思いますが、そういう不安定な状態で、一箇所に尻を据えているわけじゃないんですね。どしんと坐っているわけじゃありません。絶えず流されながら、その大海原に誤って落ち込んだ目の見えない亀を助けようとしている。

常識ではもう考えられませんよね、助けられるなんてことは。ところが、助かった、という話がお経に出ているんですね。だから本当に、偶然の偶然の偶然なことが起こった、ということだと思います。しかもその浮木には、大波で空いたんでしょうか、穴が開いていたと。そこへその盲目の亀が、すっぽりと入り込んで、九死に一生を得たという話が伝わっています。「盲亀を接す」と。それくらいのことだ、と言うんですね。

難しい問題で充ち満ちているこの世の中に、一本指で事件を解決しようとするんですから、あり得ないようなことですよね。ところが、それをされたのがこの倶胝老だと。だからこそ、「対揚深く愛す老倶胝」とこう言っておられるんでしょうね。倶胝老、倶胝老、あなたは本当によくやってくれた。「夜濤相共に盲亀を接す」と、こう言っておられるわけです。

「一生受用不尽」

この倶胝老も、眼が開けるまではたいへん苦労を積まれた方です。どうなんでしょう。中国というところはやはり、男尊女卑だったんでしょうか。ある尼さんが倶胝老を尋ねてくるんです。そして、普通でしたらしきたりとして、誰でも尋ねた先の主人の周りを三遍ぐるっと回って、杖をついて坐具を拡げて挨拶をして、それから問答が始まります。しかし、その尼さんはそうしなかったと言うんです。すぐさま、「一句言え」と問いかけてきたそうです。

それで倶胝は「無礼ではないですか」と。「三遍回って挨拶するのが建て前ではないですか」と、こういうふうに言い返すんですけれど、一句言えたらそうする、と言うんですね。一句も言えない者に礼を取る必要はない、と言うんでしょうか。それで深く傷つけられるんですね、女性にやり込められた、と。尼さんにやり込められた、しかも何一つ返答することができなかった、と大いに悩むわけです。

そして尼さんはすぐ帰ろうとするんですけれど、すでに夕方だったんでしょう。このあたりは暗いところだ。一晩泊まっていってはどうですか。そして明日ゆっくり問答しましょう、と言うんですけれども、尼さんはまた、一句言えと言うんですね。一句言えたらそうしよう、と。そしてとうとう、尼さんはそのまますたすたと帰ってしまうんです。深く傷ついた倶胝は、自分も再行脚しようと。尼さんにやり込められて一言も返せないようでは仕方がない、と。

でもちゃんと一句言えているんですよ。自分が気が付かないだけで。礼を失した人には、先ず礼を尽くしなさい、と見事一句言えているじゃないですか。それに、夜は暗い、泊まっていきなされ、と立派に一句言えているんですけれど、それが一句だと気が付かないわけです。言いながら気が付かないわけです。

それで自分も行脚に出ようと、再行脚しようとするのですが、その夜、夢に土地神が出て来て、出ないで待ってなさい、近いうちに善知識が来るから、ということで、そのまま留まっておりました。すると、そこに一人の禅坊さんが現れた。そしてその禅坊さんに対して、倶胝は自分の胸の内を打ち明けるわけです。そうしますと、その禅坊さんはどう答えたかと言いますと、スーッと指を挙げたんです。一指頭の禅です。

時節因縁ですよね。本当に悩みに悩み、苦しみに苦しんだんだと思います。何も答えられなかった。答えられているなんてことは分かっていませんから、答えられなかったということで、本当に悩んでいたんです。その時にスーッと指一本挙げられた。どうしてか分かりませんが、それでハッと破れたんです。自分の迷妄がはらりと取れたわけです。それから一生、何という問いを出されても指一本を挙げて、しかもそれが一生使っても使いきれなかったと、「一生受用不尽」と、こういう言葉が残されているわけです。

ですから大事なのは、本当にどん底を経験することです。本当にどん底ですから、一本の糸でもしがみつきたくなるんですよね。そういう時ですから、まさに一指頭の禅がパッと利いたんだと思うんです。刀じゃないんです、指です。なんてことのない指です。指一本をスーッと上の方に挙げられた、それを見て。まさにこれなんです。「一綟糸を斬るが如し」です。殺人刀として見えたんだと思います。そして同時に、活人剣として倶胝に働いたんだと思うんです。それによってスーッと生き返る。それで「死んで生きるが禅の道」と、こういう言葉が残されているわけです。

菩薩として生きる

ですから、ほんのわずかなことでたいへんな悩み苦しみを味わっている方がいると思うんですけれども、そのすぐ隣は明かりに照らされているのかもしれません。それでその明かりとは何かと言うと、それが禅の場合は空ということになると思います。空が明かりなんです。いかがでしょうか。

例えば、哲学者はどうなんでしょう。私は大勢の学生のいる学校におりましたから、群衆の一人として教えてくれた先生は、哲学者というものは、常に真理の方に顔を向けている。これが哲人だとおっしゃってくれました。それを聞いてから、私は密かに、それでは禅はどうなんだろう、と思っていたんですけれども、最近になって確信を持って言えます。哲学者が真理というもの、それは禅者にとっては空です。絶えず空の方に顔を向けている。それが禅者だ、と。これはどうでしょうか。今日は短い話で終わってしまったので、これだけでも覚えていってください。本当にそう思います。

空があるから私たちは救われているんです。それでその空というのは、いったいどんな働きをするのか、ということです。これがまた大事なんだと思います。一つの直接の働きは、これは昔からある言葉なんですが、「展《の》ぶる則《とき》んば」、大きくなる時は「法界に弥綸し」、天地に弥綸していくと。「収むる則《とき》んば」、今度は小さくなる時です。「糸髪も立せず」と言います。髪の毛一本立つ余地もないくらい小さくなってしまう。これが空の働きなんです。

だから、空を何にもないと思ってもらうと困るんです。そういう働きこそが空なんです。空があるがゆえの働き、ということです。そう思っていただきたいわけです。これが私たちの本当のいのちのもとなんだと思います。だから大きくなる時はどこまでも大きくなって働き、小さくなる時はどこまでも身を小さくすると。それを自由自在にできるのはなにゆえかというと、空のおかげだ、ということだと思うのです。

ですからいつも言うんですけれど、「色即是空、空即是色」と帰って来ますよね。そうすると、色というのは形あるものです。私たち、この身体を持っている人間です。人間が色即是空と空に行き着いて、ああよかったと思う間もなく、空即是色と、帰れと、色へ帰れと、こう命令します。お経は厳しいですね。そうすると、色へ帰ってきます。帰らざるを得ないわけです。

帰ってくるんですけど、帰ってきたとき、前の色と同じかどうか、というんです。これは全く違うんです。空に出会った後の色と、単なる色とはまるっきり違うんです。では、どう違うのか。一番手っ取り早い言い方をしますと、空と出会うことによって、人間が菩薩に変わる、ということです。空即是色と帰って来たところの色は、菩薩です。菩薩となって、この身体を持って生きていくというんですから、これは素晴らしいことなんじゃないでしょうか。単なる空なしの色は人間です。悩み多い人間です。それが空にぶつかって、空から色に還って来た時は菩薩となって帰ってくる。

誰が言っているかというと、臨済禅師が言ってくださっています。『臨済録』の中で言ってくださっている。いわゆる、空のところには文殊様がいる、と言うんです。それも本当の文殊様だ、と言うんです。文殊様はどこにいるか。五台山にはいないぞ、いるのは文殊じゃないぞ、と。五台山の文殊様はたいへん有名ですけれど、あれは名だけだ、文殊という名だけがいるだけだと。本当の文殊は空のところにいるわけなんです。

そして、空に出会いますと、文殊様は背中を押してくださるそうなんです。そして、今度は色のところに普賢さんがいる。色も単なる色ではなくて、「妙色」のところです。普賢さんが、よくそこまで行ったな、はやくこっちへおいで、と迎えてくださるんです。ですから、二人の菩薩様に、片方では背中を押され、片方では迎えてもらえるわけですから、比較的楽に「空即是色」と、色の方に帰ってこれると思うんです。

帰って来ますと、文殊さんも普賢さんも、俺は役目はもう終わったとばかりに消えてしまうらしいんです。そこに現れるのは、観音さんです。観音さんは「三十三に身を現ず」といいますから、どこへでも飛んでいけるそうなんです。空だけでなくて、周辺のどこへでも飛び出して行ける。ですから、文殊さんと出会うことによって、人として死んで、そして普賢さんのところへ帰ることによって、菩薩として生き返るわけです。そして観音様となって、菩薩として生き続ける、とそういうことを、臨済禅師が言ってくださっているんです。ですから、これは本当にありがたいことだと思うわけです。

ですから、天龍禅師にお会いすることによって、倶胝さんは眼を開かれました。そしてそれからは、もうどのような問いに対しても、指一本挙げることだけで答えた。それまでは、どんなにその場その場で適切なことを言えても、それが答えとは気が付かなかった。その倶胝老が、空に出会った。空に開かれてから、どんな問いに対しても、指一本挙げることで答えきった、とこういうことです。いかにその空に出会う前と出会った後が違ってゆくか、ということを思わされます。

遠山限りなく碧層層——第二〇則「龍牙西来意」

【垂示】垂示《すいじ》に云《いわ》く、堆山積嶽《たいざんせきがく》、撞墻磕壁《とうしょうこうへき》、佇思停機《ちょしていき》するは、一場《いちじょう》の苦屈《くくつ》なり。或《あるい》は箇《ひとり》の漢《かん》有《あ》って出《い》で来《き》たり、大海《たいかい》を掀翻《ひるがえ》し、須弥《しゅみせん》を踢倒《けたお》し、白雲《はくうん》を喝散《かっさん》し、虚空《こくう》を打破《だは》して、直下《ただち》に一機《いっき》一境《いっきょう》に向《お》いて、天下《てんか》の人《ひと》の舌頭《ぜっとう》を坐断《ざだん》せば、你《なんじ》が近傍《ちかよ》る処《ところ》無《な》からん。且《しばら》く道《い》え、従上来《これまで》是《こ》れ什麼人《なんびと》か曾《かっ》て恁麼《いんも》なる。試《こころ》みに挙《こ》し看《み》ん。

【本則】挙《こ》す。龍牙《りゅうげ》、翠微《すいび》に問《と》う、「如何《いか》なるか是《こ》れ祖師西来意《そしせいらいい》」。微云《びいわ》く、「我《わ》が与《ため》に禅《ぜん》板《ぱん》を過《も》ち来《き》たれ」。牙《げ》、禅板《ぜんぱん》を過《わた》して翠微《すいび》に与《あた》う。微《び》、接得《うけと》りて便《すなわ》ち打《う》つ。牙云《げいわ》く、「打《う》つことは即《すなわ》ち打《う》つに任《まか》すも要且《ようか》つ祖師西来意《そしせいらいい》無《な》し」。牙《げ》、又《ま》た臨済《りんざい》に問《と》う、「如何《いか》なるか是《こ》れ祖師西来意《そしせいらいい》」。済云《ざいいわ》く、「我《わ》が与《ため》に蒲団《ふとん》を過《も》ち来《き》たれ」。牙《げ》、蒲団《ふとん》を取《と》って臨済《りんざい》に過与《わた》す。

済《ざい》、接得《うけと》りて便《すなわ》ち打《う》つ。牙云《げいわ》く、「打《う》つことは即《すなわ》ち打《う》つに任《まか》すも要且《ようか》つ祖師西来意無《そしせいらいいな》し」。

【頌】龍牙山裏《りゅうげさんり》、龍《りゅう》に眼無《まなこな》し、死水何《しすいなん》ぞ曾《かっ》て古風《こふう》を振《ふる》わん。禅板蒲団《ぜんぱんふとん》用《もち》うること能《あた》わず、只《た》だ応《まさ》に分付《てわた》して盧公《ろこう》に与《あた》うべし。

【頌】「這《こ》の老漢《ろうかん》を也《ま》た未《いま》だ勦絶《ほろぼ》し得《え》ず」と、復《ま》た一頌《いちじゅ》を成《な》す。盧公《ろこう》に付《ふ》し了《おわ》るも亦《ま》た何《なん》ぞ憑《よ》らん、坐倚《ざい》して将《もっ》て祖灯《そとう》を継《つ》ぐことを休《や》めよ。対《たい》するに堪《あたい》す、暮雲《ぼうん》の帰《かえ》って未《いま》だ合《がっ》せず、遠山限《えんざんかぎ》り無《な》く碧層層《へきそうそう》たり。

「一場の苦屈」とは

垂示からまいります。「堆山積嶽《たいざんせきがく》、撞墻磕壁《とうしょうこうへき》」。「嶽」というのは高い山を言うそうです。そうしますと、山が堆《うずたか》く、嶽が積み重なっている、ということでしょうか。どこからどこまでも山が連なっている。一番最後の詩では「遠山」という形で出て来るんだと思います。「撞墻磕壁」。「撞」というのは突き当たるということです。「墻」というのは垣根です。

「磕」というのはゴツンとぶつかる、頭をぶつけるというようなことで、「壁」、壁にゴツンと頭を打ち付ける、というような感じです。垣根にぶつかり、壁にぶつかると。

そこで、「佇思停機《ちょしていき》するは」。佇み、思い、停まりの「機」、働きが、そこでとどまってしまう。思いに佇み、働きも滞ってしまう。そうすると、それはまさに「一場《いちじょう》の苦屈《くくつ》」だ、と言うんです。

ちょうど、第三則だったと思いますけれども、馬大師の不安の則です。そこにありました「幾《いくたび》か蒼龍《そうりゅう》の窟《くつ》に下る」です。蒼龍というのは、海千山千の獰猛な龍でありますが、その龍の洞窟に何度下りていったことだろう、と。「屈。述ぶるに堪えんや」とありましたね。その「屈」が、この「一場の苦屈」の「屈」ですね。

「屈。述ぶるに堪えんや」。ここでも最後に、「堪《あたい》す」という読みで出て来ます。「対するに堪す」と出て来ますが、「堪えんや」ですね。今風の読みでは、「屈。述ぶるに堪《あたい》す」ですが、これだとどうなんでしょうね。語感としては前の方が良いと思いますが、今ではこのようになっております。

「屈」というのはまさに「苦屈」のことです。「君が為に幾か蒼龍の窟に下る」。それで「屈。述ぶるに堪えんや」と。これは反語だということだと思います。「堪えんや」というのは、表面上では「できる」ということですから、述べることができようか、という意味の反語だと言うんです。述べることができない。この苦しみは、とうてい未だ述べることができない。

こんなことがありました。戦後シベリアへ抑留された方々が、そこでどんなご苦労をされたか。ある方が、しゃべろうかしゃべるまいか、そうとう悩まれたわけです。最後は、やはりしゃべっておくべきだと。それで最後の場が設けられたわけです。そこで今まで語らなかったことが語られると、私も大いに期待したんです。その方は浄土真宗のお坊様でした。そうしましたら、それが中止になったんです。そのお坊様が、そこへ出ていって話をできるだけの体力がなくなってしまったわけです。

ですから、最後の最後まで取っておいて、ぎりぎりまで悩んだんですね。話して死ぬべきか、語らないで死ぬべきか。とうとう思いは語る方に傾いたんですけれども、体力が持ちませんで、語らないままに逝かれました。そういうのをまさに「苦屈」と言うんでしょうね。「二十年来、君が為に蒼龍の窟に下る。屈。述ぶるに堪えんや」と。とうとう述べることができないままにお亡くなりになったわけです。

「一場の苦屈」と言うわけですけれども、禅の難しいところはこういうところにあるんだと思うんです。これが、全く違う意味にも読めるんです。それで、どう読むか。「堆山積《たいざんせき》嶽《がく》、撞墻磕壁《とうしょうこうへき》」。どこもかしこも、仏法ならざるものはないぞ、とこうも読めるわけです。

「満目青山」という言葉がありますね。目一杯に青い山が聳えていると。まさに「満目青《まんもくせい》山《ざん》」です。目に見えるもの、ことごとく仏法だ、とこう言えなくもないわけです。

それなのに我々は「佇思停機《ちょしていき》」してしまう。まさに「一場の苦屈」ではないか、というんです。目の前の風景が、ことごとく仏法の風景なのに、仏法そのものなのに、我々はそれを分からないで「佇思停機」してしまう。ということはまさに「一場の苦屈」だと。目の前に宝がずらっと並んでいるのに、宝として見えない。こういうことです。

どなたかの道歌があります。鉄舟さんがその道歌を書いていまして、次のような歌です。

「仏法は障子のひきて峰の松　火打ち袋にうぐいすの声」。どうでしょうか。どうしてこれが仏法なんでしょうか。もちろんこれだけだと仏法じゃありません。見るほうの見る眼が必要になってくるんです。これは鉄舟さんの字を見るまでは思ってもみなかったんですけれど、これはまさに円相なんです。この歌は円相なのだと思うんです。

「仏法は障子のひきて」がスタートです。朝が来たと言うんですね。朝が来ました。それで、一番最後は「うぐいすの声」でした。これも同時に一番最初です。うぐいすの声で朝、目が覚めます。そしてああ朝が来たな、というので障子を開ける。「障子のひきて」ですね。するとそこに峰の松が見える。そして一日が経過して夕方になります。すると「火打ち袋」が必要になります。火打ち袋を使って明かりを灯して夜を過ごして、やがて休むと。

そしてまた朝「うぐいすの声」で目が覚めて、「障子のひきて」「峰の松」と、こう展開するわけです。

歌の約束事で全部挙げられませんから、許される限りで四つのことを挙げたんだと思います。ですからこれは、この四つに限りません。仏法は峰の松だけなんだ、と言っているんじゃないと思います。この四つだけだ、と言っているんでもないと思います。ありとあらゆるものが仏法だと言っているのが、この歌だと思います。一日、朝から晩まで、晩から朝まで我々が出くわすものが仏法だと。だけれど、汎神論とは違います。仏教が汎神論と違うのは、こちらがわに私がいるからなんです。空なる私がいる、ということが大事なんです。

空に開かれている私があるから、その空に開かれた私が見ると、全てが仏法なんです。一つ一つが仏法なんです。全部が仏法だ、というのは、もう頭が入っているんです。総合してそうなんでしょう。具体的には一つ一つ、いま私たちが出会っているもの一つ一つが仏法だ、と。これが仏教の捉え方だと思います。特に禅の捉え方だと思います。

だからここも、そうとも読めるんです。「堆山積嶽、撞墻磕壁」。突き当たると書いていますよね。手前の垣根に突き当たったり、壁に頭をゴツンとやる。そのゴツンとやった時、パッと火花が散って、そこで気が付かんか、と言うんだと思うんです。「堆山積嶽」、もう見わたす限り、満目仏法だ。それが分からんか、と。頭をぶつけなきゃ分からないんです。こちらが空に開けていない限り分からないんです。それが大事なんです。だから「空開」ということを、何度も何度も言っております。

「佇思停機《ちょしていき》するは」。我々は佇思停機してしまうんです。宝のど真ん中にいながら、いや、自らが宝そのものでありながら気が付かない。「佇思停機するは、一場の苦屈なり」。これはある意味での「苦屈」です。仏法に囲まれていながら、それに気が付かない。何たることだ。こういう苦屈だと思います。それでいいのか、ということだと思います。

そこで、「或《あるい》は箇《ひとり》の漢有《かんあ》って出《い》で来《き》たり、大海《たいかい》を掀翻《ひるがえ》し、須弥《しゅみせん》を踢倒《けたお》し、白雲《はくうん》を喝散《かっさん》し、虚空《こくう》を打破《だは》して、直下《ただち》に一機《いっき》一境《いっきょう》に向《お》いて、天下《てんか》の人《ひと》の舌頭《ぜっとう》を坐断《ざだん》せば、你《なんじ》が近傍《ちかよ》る処《ところ》無《な》からん」。これはどうでしょうか。本則に三人の人物が登場します。翠微と臨済と龍牙です。これは三人のうち、誰のことを言っているんでしょうか。

「箇《ひとり》」とありますね。「箇の漢有って出で来たり」。その一人の漢が、大海をひるがえし、須弥山を蹴倒す、とこういっています。残った白雲を一喝のもとに散じつくし、「虚空を打破して」、何にもない空を打ち破って、「直下に一機一境に向いて、天下の人の舌頭を坐断せば」。天下の人の舌先を坐断する。「坐」というのは、いながらに、ということらしいです。坐っている、というのですから、坐っているままに断つ、いながらに断つ。何か動作をするのではなくて、自然に断ち切ってしまう。自然に、周りの人に何も言わせなくしてしまう。「你が近傍る処無からん」。皆さんがそんな一人の男のそばに近寄るところは見いだせないぞ。

「且《しばら》く道《い》え、従上来《これまで》是れ什麼人《なんびと》か曾《かつ》て恁麼《いんも》なる」。古から今まで、いったい誰が、どのような人がこのような人物であったか、「試みに挙し看ん」として、本則に入っていくわけです。

龍牙、祖師西来意を問う

「挙《こ》す。龍牙《りゅうげ》、翠微《すいび》に問《と》う」。先ず、翠微禅師が登場するわけです。臨済禅師よりお歳は上だと思います。ちょうど臨済のお師匠さんの黄檗と同時代だと思います。もちろん、一人の人が翠微に会い、臨済に会っているんですから、この二人も同時代の人ですが、翠微の方がお歳がいっていると思います。

「如何なるか是れ祖師西来意《そしせいらいい》」と問うたわけです。これは決まり文句ですね。達磨さんがインドからはるばる中国へ来られたのは、いったいどんなお心からですか、ということで、仏法の根本のところはいったいどこにあるんでしょうか、というような意味にもなるんだ、ということです。しかし、もうこのままで十分ですよね。達磨さんがわざわざ九十を超えて、インドから中国へ来られたのはどんなお心なんでしょうか。いわゆる「仏法の大意」を問うている。

そうしますと、翠微が答えるわけです。「我が与《ため》に禅板《ぜんぱん》を過《も》ち来たれ」。儂に禅板を持って来てくれ、と。禅板とは私は見たことはありません。坐禅にくたびれた時、首をのせてやすむ板だそうです。今はもうないと思います。その「禅板を過ち来たれ」と、翠微和尚は答えたということです。そうしますと龍牙は、言われたままに「禅板を過《わた》して翠微に与《あた》う」。禅板を取りに行って、翠微和尚に差し出した。そうすると、「微、接得《うけと》りて便《すなわ》ち打《う》つ」。翠微は受け取るやいなや、びしりと龍牙を打ったというんです。これはどういうことでしょうか。

龍牙は言われた通りにしたんですよね。常識的には何の非も、一点の非もないはずですが、どうして翠微は龍牙を打ったか、ということが一つの問題です。

岩波文庫の『碧巌録』現代語訳をみますと、圜悟禅師の下語《あぎょ》、著語《じゃくご》がついているんです。それを見ますと、そこで圜悟禅師は、遅い、と言っています。遅すぎる、と。最初の質問の時に何で叩かないのか、とこういう語をつけています。そんなことを含めて読んでいただくと面白くなります。

そうしますと、「牙云《げいわ》く、打つことは即《すなわ》ち打つに任《まか》すも」、打ちたいんでしたら、どうぞお気の召すままに、という感じですね。「要且《ようか》つ祖師西来意無し」。そこに西来意はありませんぞ、と。打ちたければ打つこと、それは一向にかまいませんが、果たしてそこに祖師西来意があるんですか、とこういうふうにやるんです。

そうするとこれはどうなんでしょうね。どっちが真っ当なんでしょうか。打った方が真っ当か、龍牙の方が真っ当か。これはなかなか勝負のつかないところだと思います。

「牙、又た臨済に問う」。龍牙は、翠微より若い臨済のところに行きまして、同じ質問をするわけです。そうしますと、臨済も同じなんですね。「我が与《ため》に蒲団《ふとん》を過《も》ち来たれ」。儂に坐禅蒲団を持って来い、と。

ですから臨済も、蒲団を持って来いと言っているんです。「如何なるか是れ祖師西来意」と尋ねた時、圜悟禅師は一発見舞うべきだ、とこう言っています。びしりと打つべきだと言うんです。しかし、翠微だけでなく臨済禅師も許しているんです。そこでびしりとやらないんです。そして同じように、「我が与に蒲団を過ち来たれ」と言っているわけです。これはどうしてでしょう。

私は、それだけこの龍牙という人が凄かったんだと思います。素晴らしかったんだと思います。翠微をしても、臨済をしても、祖師西来意を尋ねられたところでは打てなかったんだと思います。打って悪いことはありませんけれども、それよりも、打てなかったと取った方が面白いと思います。それだけこの龍牙という漢は凄い男だったと思います。さすがの臨済をしても、打つのをためらった。「探竿影草《たんかんようぞう》」という言葉があります。相手を探るんです。「我が与に蒲団を過ち来たれ」と言って、相手がどのような人物か探りを入れるわけです。

そうすると「牙、蒲団を取って臨済に過与《わた》す」。坐禅蒲団を取ってきて、さあお座りくださいとばかりに、臨済禅師に渡した。そうすると、「済、接得《うけと》りて便《すなわ》ち打つ」。翠微と同じです。ここで打っているわけです。ということは、やはりこれは翠微や臨済の方に分がありそうですね。本当に凄い男だったら、ここでも叩かなかったと思います。叩いているわけですから。

「我が与に蒲団を過ち来たれ」、そこで気づかなかったということです。翠微や臨済が思っていることに、ここでもまだ気づかないで、言われた通りに動いているだけです。そこで「接得りて便ち打つ」と、こうなったんだと思います。

「牙云く」。ところが、それに気がつかない龍牙は、何を思って打たれたか分からない。「打つことは即ち打つに任すも要且つ祖師西来意無し」。同じですね。同じことを言っています。打ちたかったら打つこと、それは一向にかまいません、私は何も文句を言いません。

だけど、それが祖師西来意でしょうか。そこに祖師西来意があるとは思えません、とはっきりと言っているわけです。それがここでの一段なんです。

そうしますと、もう一度垂示に帰りまして、「箇の漢有って出で来たり、大海を掀翻《ひるがえ》し、須弥を踢倒《けたお》し、白雲を喝散し、虚空を打破して、直下に一機一境に向《お》いて、天下の人の舌頭を坐断せば、你が近傍《ちかよ》る処無からん。且く道え、従上来《これまで》是れ什麼人《なんびと》か曾て恁麼《いんも》なる」。いったい、誰がこのような一人の人物であったか、と言うんですけど、これは誰と取ったらいいんでしょうね。

「遠山限りなく碧層層」

頌の方を見てみます。頌を雪竇さんは二つ作っていますが、最初の方を見てみます。「龍牙山裏《りゅうげさんり》、龍《りゅう》に眼《まなこ》無し」。先ず、龍牙を押さえてます。龍牙山というからには、凄まじい龍がいると思ったのに、残念ながらその龍は眼がなかった。見る眼がなかったということです。「死水何《しすいなん》ぞ曾《かっ》て古風《こふう》を振《ふる》わん」。看経《かんきん》の眼といいますよね、眼がなかったら、どうしてお釈迦様以来の、仏仏祖祖の古風を振るうことができようか。どんなに素晴らしい牙を持っていても、眼が見えなかったら、古風の振るいようがないではないか。

「禅板《ぜんぱん》蒲団《ふとん》用《もち》うること能《あた》わず」。禅板と蒲団を用いることができない。持って来いと言われても、それを用いることができない。圜悟禅師の著語は、どうして素直にお渡しするのか、持って来て、翠微を、臨済を、その禅板や蒲団で打ってやればよかったのに、ということを言っています。

「只《た》だ応《まさ》に分付《てわた》して盧公《ろこう》に与《あた》うべし」。盧公というのには二つの解釈がありまして、一人は六祖慧能です。中国禅の達磨と言われています。中国禅の基を作った方としての六祖です。どうせ渡すんだったら、翠微や臨済じゃなくて六祖慧能に渡すべきだった、ということでしょう。

もう一つの解釈は、この盧公というのは雪竇自身のことです。雪竇も盧公と言うそうです。ですから、儂に与えてくれれば良かったのに、と。そうしたら何をするんでしょうね。「打つことは即ち打つに任すも要且つ祖師西来意無し」なんていうことは言わせなかったのに、というような感じです。

もう一つの頌です。「這《こ》の老漢《ろうかん》を也《ま》た未《いま》だ勦絶《ほろぼ》し得《え》ずと」。「禅板蒲団用うること能わず」と言ったけれども、それだけでは、「這の老漢」、一人の老漢、これは龍牙のことですが、龍牙を「未だ勦絶し得ず」。完全に叩きのめすというか、完全に気持ちを一転させるというか、そういうことはできない、と言って、「復《ま》た一頌《いちじゅ》を成す」。ここまでは記者の挿入の語です。『碧巌録』を編んだ方がそういうことを入れまして、次からが雪竇のもう一つの頌になるわけです。

「盧公《ろこう》に付《ふ》し了《おわ》るも亦《ま》た何ぞ憑《よ》らん」。この盧公はどちらかは分かりませんけれども、雪竇だと取ってみますと、儂に「付し了るも」、持って来てくれても、「亦た何ぞ憑らん」。さあ、どう使うかと思うと、「何ぞ憑らん」です。それに寄りかかって居眠りしたり、休んだり、あるいは坐禅したり、そんなことはしない、ということです。

「坐倚《ざい》して将《もっ》て祖灯《そとう》を継ぐことを休《や》めよ」。「坐倚して」、寄りかかったり坐り込んだりして「祖灯を継ぐことを休めよ」。祖灯は継げないぞ、とこういうことです。坐禅すればいいんだ、疲れたら眼を合せろ、というけれども、疲れたから眠っていればいい、そんなことでは、お釈迦様、達磨さんからの祖灯を継ぐことはできないぞ。そんなことをして継ごうなどという、灯りを灯し続けようなんて、そんな横着なことを考えるのはやめなさい、というんです。

次は「碧巌中の絶唱」と言われているのですけれど、こういう言葉が生まれるわけです。「暮雲《ぼうん》の帰って未だ合《がっ》せざるに、遠山《えんざん》限り無く碧層層《へきそうそう》」。これは昔の詠み方ですが、こちらの方がいいと思います。ここが一番大事なところです。

「対《たい》するに堪えたり、暮雲の帰って未だ合せざるに、遠山限り無く碧層層」。古人は、この詩の句、この言葉を、何回も何回も苦吟せよ、と註を入れてくれています。苦しみながら吟ぜよ、ということです。苦吟ですからね。まさに「苦屈」ですね。「述ぶるに堪えんや」というところです。同じですよね。苦吟せよ、と言っているわけです。詩にも歌にも盛りきれん、というんです。この内容は、どんな詩にも盛りきれない。どんな詩の名人が出て来ても、雪竇さんは「十翰林の才あり」と謳われた人ですけれども、その雪竇さんでも詩に盛りきれない。何回も何回も苦吟して味わえ、と。

ここに含まれている内容は、何度も何度も苦吟して、自ら感じるのみだ、ということです。皆さんの人生の体験を基にして感じていただくしかない、こういうことでしょうか。

「法味」ということ

ですから、例えばここに「法理」という言葉と「法味」という言葉があります。いわゆる法理ではつくせないんです。法理は大事です。大事ですけど、法理では尽くせないものがあるんです。残るんです。だからそれは味わってもらうしかないんです。感じ取ってもらうしかないんです。何と言っても届かない世界です。それは法味としてそのまま感じ取ってもらうしかないわけです。

いつも言うんですが、徳山は怜悧な男です。そのころ南方では馬大師の言った「即心即仏」、この心がそのままで仏だ、ということが、だんだん歳月が経つことによって力を持ってくる、根づいてくるわけです。もう馬大師はお亡くなりになっていますが、徳山はそれにひどく腹を立てるんです。何が即心即仏だ、と。何遍も何遍も生まれて来て修行して初めて仏になれるんじゃないか、と言って、折伏に出掛けるんです。

そして茶店によって、腹が減ったから点心をくれ、と言うんです。その時に店のお婆さんにやりこめられてしまうわけですね。和尚さんが背負っているのは何ですか、と聞かれたので、金剛経の註釈本だ、と。お婆さんは、「金剛経にはこう書いてあると聞いております。『過去心不可得、現在心不可得、未来心不可得』と。和尚さんは点心と言われましたけれども、いったいどのお心に点じようとされるんですか」と言うんです。それで答えられなくなってしまうんです。徳山も正直ですから、そう尋ねられて答えられなくなってしまう。

ですから、徳山は法理においては抜群の男です。ところが、その若い徳山をもってしても答えられなかった。ですから、法理には限界があるんです。ところが法味の方は、その限界を補ってあまりあるんです。ですから法味が大事なんです。歳をとっていくと、だんだん法味に惹かれていくようになります。

現在というのは何でしょうか。法理から言えば、現在というのは一点です。すぐ過去になってしまいますよね。未来はまだ来ない。ようやく来たかと思ったら、すぐ現在から過去になってしまう。心を点じる隙間もないというのが現在の一点です。法理で言ったら、そうなんです。

ところがどうでしょうか。今日の最後のところです。「暮雲の帰って未だ合せざるに、遠山限り無く碧層層」。これは逆ですよね。これは見事に、髪の毛一本も立てる隙もないという、現在の一点に、過去も未来も全部入っているのではないでしょうか。それをまさに感じさせてくれるのが、この詩です。苦吟せよ、と古人は註をしております。

苦吟というのは昔を思うんです。これは過去です。今においてその過去を思うんです。それでちゃんと今に過去が入ってきているんです。そして未来は何かというと、過去を思って苦吟すればするほど、未来に対してさらにやる気が起こってくる、やらねばならん、とそう思えてくる。この現在において、未来も含んでいるんです。そんなことは法理で考えられますか。考えられませんよね。だから法味が大事になってくるんです。

法理だけでは何ともつまらない話になってしまうんです。ところが法味を感じ取っていただくことによって、無限の力がもりもりと湧いてくると、こういう一則です。

般若の智慧をよく槍に例えます。普通は智剣ですから、刀に例えるんですが、一本の槍にも例えます。槍ですから、やり通せ、ということですよね。やり通せ、やり抜け、と言われるわけです。やりきれん、と言ったらだめだぞ、というわけです。やりきれんと言うなと。やり抜け、やり通せ、と言うわけです。それが道場のやり方なんです。法理なんかは、どこかへすっ飛んでしまうわけです。やり抜き、やり通していくと、いつの間にかに、です。

『臨済録』にも書いてあります。「収むる則《とき》んば糸髪も立せず」。「糸髪」というのは、一本の髪の毛、糸のような髪の毛です。髪の毛一本立てるところもない。それで、「展《の》ぶる則《とき》んば」と逆に述べます。「展ぶる則んば法界に弥綸し」。三千大千世界に弥綸し、です。ところが収める段になると、髪の毛一本入れる余地がない、とこういう言い方をするんです。そういう古人の言葉、これはいろんな人が使っております。

その言葉を臨済禅師は、「心法形無くして十方に通貫す」と言っています。形はないけれども、十方に通貫しているんだ、とこうやるんです。「無相」です。そして、すぐ具体的に言っています。そこから、「眼にあっては見、耳にあっては聞き、鼻にあっては香を嗅ぎ」と、こうやります。眼にあっては見るんだ、と。耳では聞くんだ、と。だけど、それは単に眼が見て耳が聞いている、というのではありません。十方に通貫しているその力をもって、その力を自分に収めて、そこから自分の眼で見ている、これは大事です。自分の眼で見ているんです。無制限じゃないんです。自分の眼で見ています。自分の耳で聞いているんです。自分の鼻で嗅いでいるわけです。

そういうふうに臨済禅師は直しておりますけれども、もとの言葉は、「展ぶる則んば法界に弥綸し、収むる則んば糸髪も立せず」です。これが古来言われてきた言葉なのです。まさにこの「苦屈」のところです。苦吟せよ、というその苦吟するところです。あの時は大変だった。でもその大変だった経験が今の自分を作っている、と思うかどうかは人それぞれでしょうけれど、そういう形で未来に向かって開けていく、ということです。ほんのわずかなところに全体がある。

理屈じゃないですよね。理屈じゃ入りませんよ。まさに絶対の現在なんていうところにどうして入るんでしょうか。入れませんよね。だけど、法味からは、そんな入る、入らないなんてことは問題じゃなくなってしまうんです。法理なんか問題じゃないんです。何遍も何遍も苦吟しますと、そういう力がその苦吟の底から湧いてくる。

ですから、「見性成仏」と言いますけれど、「色即是空」、これは見性です。そして「空即是色」というもとへ帰るのを、成仏と言うんだと思います。「見性成仏」というのは、円相で示すことができると思います。見性とは何か。いわゆる「色即是空」と空に開かれることです。色というのは形あるもの、私たちです。地、水、火、風の四大でできているという私たちが、ぐーっと空に行って、空に開かれる。あるいは、坐《い》ながらに空を呼び寄せる。空に開かれる。そうすると空を乗せます。帰って来る時は、空を乗せて帰ってきますから、違うんです。

スタートラインは四大でした。空に出会って空を乗せて帰って来ますから、五大となって帰ってきます。ところが、五大の一つの空は眼に見えません。眼に見えませんから、五大で帰って来ているなんて見た目には分かりません。前と同じじゃないか、という感じです。だけど違うんですよ、はっきりと。だからそこをちゃんと言ってくれているのが、「見性成仏」という言葉だと思うんです。人が空と出会うことによって、仏となって帰ってきているんです。これはやはりしっかりと押さえておいてほしいと思います。

だけど、仏は自分を仏と言いませんでしょうから、分かりませんよね。そこで、仏というのはおこがましいので、菩薩という言い方をします。人が菩薩となって帰ってくるんだ、という言い方をします。これはいいと思います。ですから、空と出会うことによって、人が菩薩に大きく変わるんです。そして菩薩となって生きるのです。

徳山禅師は茶店のお婆さんにやりこめられて、お婆さんがこんなことを言うのは、近くに偉いお坊さんがいるんだろう、というので、龍潭《りょうたん》禅師のところへ尋ねて行くんです。そして龍潭禅師によって眼を開かせてもらうわけです。そうしたらどうしたかと言うと、明くる日みんなのいる前で、『金剛経』を焼いてしまったと言うんです。その注釈書を焼き払ったと言うんです。法理を焼いてしまったわけです。法理にとらわれない徳山の誕生です。だけど、あれくらい法理を研究した方ですから、法理を忘れるはずはありません。だからいいんでしょうね。私たちのようなのが燃やしたら問題かもしれませんけれどね。

この翠微という人のお師匠さんは、丹霞《たんか》和尚です。丹霞和尚という人は、寒いといって焚き火している時に、寺の仏像を持ち出して焼いてしまったという人です。その丹霞和尚のお弟子さんが、この翠微禅師なんです。

この龍牙という人も一廉《ひとかど》の人物だと思います。だけれども、「禅板蒲団用ふること能わず」と言われて、押さえられています。「死水何ぞ曾て古風を振わん」です。この龍牙も、素晴らしい一廉の漢だったんですけれども、この空にとらわれすぎたんです。そして死水です。使うこと能わずです。「坐倚して将て祖灯を継ぐことを休めよ」です。空の坐に居座って、それで祖灯を継ぐことができるなんて思うなよ、と言われているんですね。

そして「暮雲の帰って未だ合せず」。一塊にならない、ということは、いろいろな差別の世界です。いろいろな雲が、まだ一つに固まらない。その一つ一つの雲に、自分の昔の修行時代の苦労を思うわけです。「遠山限り無く碧層層」。遠山が限りなく続いているということです。だから昔を思うだけではないわけです。昔を思うことによって、なおまだ続く山並みに脚を踏み込んでいこうという、そういう思いになれるかどうかです。それはお一人お一人のことだと思います。

「閃電光《せんでんこう》」という言葉があります。稲光がぴかり、そしてもう次は何もない、ということです。禅というのはどうしても、「閃電光」の方に行きやすいんです。でもそれだけじゃないですよね。例えば「春風のどかなり」なんていうのも、禅の風光だと思います。だから、やはりこの法味というのが大事になってくると思います。そして法味に自ずと法理がついてくるというようなところが、やはり歳をとることのよさなのではないかと思います。若い時はやはり法理でやります。しかし、歳をとるに従って、法理の限界が分かってきて、どうしてもやはり法味という方に思いがいくということになってくるんではないでしょうか。

蓮花か荷葉か——第二一則「智門蓮花荷葉」

【垂示】垂示《すいじ》に云《いわ》く、法幢《ほうどう》を建《た》て宗旨《しゅうし》を立《た》つるは、錦上《きんじょう》に花《はな》を鋪《し》く。籠頭《おもがい》を脱《はず》し角駄《にもつ》を卸《おろ》すは、太平《たいへい》の時節《じせつ》。或若《もし》格外《かくげ》の句《く》を辨得《べんとく》せば、挙《こ》一明三《いちみょうさん》。其《そ》れ或《あるい》は未《いま》だ然《しか》らずんば、依旧《そのまま》伏《ふ》して処分《めいれい》に聴《したが》え。

【本則】挙《こ》す。僧《そう》、智門《ちもん》に問《と》う、「蓮花《れんげ》未《いま》だ水《みず》を出《い》でざる時如何《ときいかん》」。智門云《ちもんいわ》く、「蓮花《れんげ》」。僧《そう》云《いわ》く、「水《みず》を出《い》でて後如何《のちいかん》」。門云《もんいわ》く、「荷葉《かよう》」。

【頌】蓮花《れんげ》、荷葉《かよう》と、君《きみ》に報《ほう》じて知《し》らしむ、水《みず》を出《い》づるは未《いま》だ出《い》でざる時《とき》に何如《いかん》。江北江《こうほくこう》南《なん》、王老《おうろう》に問《と》うて、一《いっ》狐疑《こうたが》い了《おわ》って一《いっ》狐疑《こうたが》う。

「自受用」と「他受用」と

垂示から見てみます。「法幢《ほうどう》を建て宗旨《しゅうし》を立つるは、錦上《きんじょう》に花を鋪《し》く」。これが一つ目のところです。「籠頭《おもがい》を脱し角駄《にもつ》を卸《おろ》すは、太平の時節《じせつ》」。これが二つ目。「或若《もし》格外《かくげ》の句を辨得《べんとく》せば、挙一明三《こいちみょうさん》」。これが三つ目です。最後が、「其れ或《あるい》は未だ然《しか》らずんば、依旧《そのまま》伏して処分《めいれい》に聴《したが》え」。四つほど垂示で述べているわけです。

一番最後のところはおいておきますと、三つのことを言っております。順番から言いますと、逆読みするといいところです。ですから、三つのことを述べまして、最後に「其れ或は未だ然らずんば」と言っています。そのようにいっていなければ、「依旧《そのまま》」、いつものように、ということですね、いままでのように、「伏して処分《めいれい》に聴《したが》え」。「めいれい」と読んでおりますけれども、「伏して処分に聴《したが》え」とこういっておりますね。

その前が、「或若《もし》格外の句を辨得せば、挙一明三」。「格外の句」です。今日のところにも何か出て来るんでしょうか、この「格外の句」を辨得できれば、一を挙げて三を明めることができるぞ、ということです。格外の句とは、一般にいいます「色即是空」という、

「見性」と言われてきたことでいいと思います。もし見性できたら、挙一明三、一を挙げれば後の三つはもう説明抜きで分かるぞ、ということです。

そしてその見性に始まりまして、その前の句、「籠頭《おもがい》を脱《はず》し角駄《にもつ》を卸すは、太平の時節」。ただ見性をしただけではなくて、その見性を噛み締めて、「籠頭を脱し角駄を卸すは、太平の時節」。これは、馬が道草をくわないように籠頭を付けます。仕事で荷物を載せます。それを下ろす。

臨済禅師が言っているやつですね。自分がいつもやっていることは何か。それは、「病を治し」と言うんですね。これは臨済禅師にとっては自分のことではないんです。儂を訪ねてくる修行者の「病を治し」、病気を治してやり、「縛を解く」。縄で縛られている、不自由になっている。その縄を解いてやる。それが「籠頭を脱し角駄を卸す」ということだと思うんです。

ですから、先ず見性して、格外の句を先ず辨得する。これは自分自身です。自分自身の籠頭を脱し、角駄を卸す。そして「太平の時節」を迎える。そして一番出だしに行きまして、「法幢を建て宗旨を立つるは、錦上に花を鋪く」。これは他受用というやつでしょうね。人様のために「法幢を建て、宗旨を立」てて、それはまことに見事なもので、「錦上に花を鋪く」。

ですから、「籠頭」から「格外の句」云々までは、自受用というんでしょうか、自分で受ける、ということです。そして、まだそれが見性できなければ、できていなければ、「其れ或は未だ然らずんば依旧《そのまま》伏して処分に聴《したが》え」、こういうような言い方だと思います。もしまだそこまでいかなかったら、本則をよく読んで、何かそこから見つけてほしい、ということでありましょうか。

蓮――花か葉か

それで本則へ行きます。「挙《こ》す。僧《そう》、智門《ちもん》に問う、蓮花《れんげ》未《いま》だ水を出でざる時如何《ときいかん》」。常識ではどうなんでしょうか。「蓮花未だ水を出でざる時如何」。蓮花がまだ、水の上に出てこない、開かない時はどんなふうになっているんでしょうか。それに対して、「智門云《いわ》く、蓮花」。蓮花だ、とこう言っているわけです。蓮根というならまだ分かりますよね。だけど、蓮根というのではなくて、蓮花だと。

「僧云く、水を出でて後如何《のちいかん》」。水を出てからは、じゃあどうなんでしょうか。そうすると、「門《もん》云く、荷葉《かよう》」と言っています。これは葉っぱの方の名です。蓮の葉です。「荷葉」と、こういうふうに言っているんです。これはいったい、どんなことを言おうとしているのか。どんなことを分かってもらおうとしているのか。

智門禅師のお弟子さんが、頌を書いております雪竇禅師なんです。この『碧巌録』の百則を選ばれたのは雪竇禅師です。古来いろいろな禅問答があるなかで、百則を選んでいる。ここではご自分のお師匠さんが登場する一則を選んでいるわけです。

そして、この智門というお方のお師匠さんが香林禅師です。この『碧巌録』の一七則に出て来ました。あの香林和尚です。その香林和尚のお師匠さんは雲門禅師です。ですから、雲門宗の系統を引き継いだ方なんです。「言句の妙」と詠われました雲門宗に属した方ですから、言葉の妙に秀でた方です。ちょっと常識を飛び出た伝え方をしているわけです。

これはどうでしょうか。みなさんそれぞれ工夫してみてほしいと思います。僧が「蓮花未だ水を出でざる時如何」と智門和尚に問われたんですけれども、これは皆さんお一人お一人に問われたと考えてみてください。蓮花が未だ水を出ない時は如何、と問われたら、どのように答えるでしょうか。

蓮花というのは、ご存知のように花の状態をいいますよね。葉っぱのところは、ここに出ているように荷葉と言うと思います。この二つが出てきて、あとは問答に全然出てこないわけですが、蓮にはいろいろな呼び方があるようです。では、私たちが蓮根とよんでいるやつはどうなんでしょうね。実もあるようでして、実は花托とか蓮房とか言うそうです。

このようにいろいろな呼び名があるようですが、ここでは二つだけが出て来ております。「蓮花未だ水を出でざる時如何」。この意味はわかりますよね。素直な質問だとは思うのですが、蓮花が蓮花として花開かないで、まだ水の中にある時、これはどんなものでしょうか。それに対して、水上に出て、花開いてしまっている蓮花という言葉で答えているんです。けれど、種が水中にあって、そこから蓮となって出て来るんでしょう。

仏教では、「蓮花」という言葉で仏法を表すんです。仏教の法自体を。しかし禅の場合は、それも大事なんですけれども、先ず自分の事として受け取ってほしいわけです。「己《こ》事究明《じきゅうめい》」と言いますから。だから、いま皆さんがかくあるようにここにおられるんですけれども、そうなる前はいったいどうだったんですか、と聞かれているようには響きませんでしょうか。

法も大切なんですけれども、「己事究明」なので、人生の事としてお一人お一人考えて工夫していただきたいと思います。自分が小さい時はどうだったか。自分が小さい時と今とはどうなんだ、と。そういう比較が面白いと思うんです。法というと、もう仏法が入ってしまっていますね。それで一つの型にはまります。

「己事究明」がいまだなされていない場合も、それを思うことができる、工夫することができるのは、私たち年寄りの幸せだと思うんです。若い人にはまだこういうことはできません。何しろ若いですから。私たちはある程度歳をとっていますから、自分の体験として何か言えるんじゃないでしょうか。若い人には若い人のよさがあるんでしょうけれど、年寄りには年寄りのよさがある。その一つがこの問題だと思うんです。

私は東京で不忍池の蓮を見たことがありますけど、花が咲いていなくても本当に立派です。見事なものだと思います。

ここでは言葉通り取ったとしますと、小さい時から蓮花は蓮花だった。今の自分を担っているというか、三つ子の魂百までといいますか。そういうようなことはどうでありましょうか。自分が生まれる前と生まれた後、として考えていただいてもいいと思います。また、この水を三界と考えてみると、空に開かれる前とか開かれた後とか、そういうような意味合いでも考えることができます。

ともかく、いろいろと思っていただくことが大事なんだと思います。ただ、そう思って考えていただく前に、一つやはり前提が必要であると思うんです。それが何かということです。

ともかく、「智門云く、蓮花」というのは、我々の常識には合わないことです。この合わないようなことを、どうして智門があえて言ったか。問題はそこにかかってきているんだと思います。誰が見ても「蓮花」というのはおかしいと思います。それでも「蓮花」と言っているわけです。これはいったいどういうことか。

ちょっといぶかしがる私たちに、「水を出でて後如何」という僧の問いが聞こえてきます。そしてそれに対して、智門は「荷葉」と答えます。これもやはり、常識ではちょっと考えられない。だから、これは二つとも常識を否定しているんだと思うんです。この答えはどうでしょうか。

禅は「自由自在」

坐禅会に参加されている方の言葉で思い出したんですが、二十年ほど前に、この坐禅会で上田閑照《しずてる》先生の『禅仏教』という本を読みましたが、その時に、「じゃぶじゃぶ」が、普通の「じゃぶじゃぶ」とまた違う「じゃぶじゃぶ」かどうか、という話が出ました。これも面白い話です。

また、ある先生が、高等学校を出て大学が決まった時に、高等学校の先生に報告に行ったそうです。哲学のほうに進みます、と。哲学ですから文学部ですね。文学部の哲学科に入りました、ということを報告に行った時に、さらっとした口調で言われたそうです。「常識を破る「哲学という学問は常識を破ることではありませんよ」と言われたそうです。「常識を破ることではなくて、大きな常識に生きることです」と、こんなことを言われたそうです。それで、自分の若い時、中学高校の六年間を通してだいぶ破天荒なことを言って先生に迷惑をかけた。そんなことがあって、先生は自分にお諭しくださったんだろう、今では分かる、とこういうふうにおっしゃっていました。

ただ単に、常識を破ることではない、と。これはいいですよね。大きな常識に生きることです、とこういうふうに言われたそうなんです。そうしますと、これがはっきり常識を破ってますよね。この智門和尚の言葉は、これはどういうことであるか。

このいい例がありまして、西田幾多郎先生、鈴木大拙先生、西谷啓治先生もおられたそうです。西谷啓治先生が書いておられることなんです。

ある時そういう人たちが集まったそうなんです。そして五、六人いたそうです。五、六人の人が集まった時、大拙先生が、「禅とは要するにこういうことだ」と言って、机をガタガタと振るわせた、というんです。それだと思うんです。これはどういうことでしょうか。机はガタガタ振るわせるためのものではないですよね。一般的には、それに物を置いて書くというのが机でしょう。結局、それをガタガタと振るわせた、ということは、机を机でなくしたわけです。これが大事なんだと思います。禅とはそこが大事なんだと思います。

私たちはそんなことを普段しません。机だと思っているから、そういうことをしません。ところが、そういうことをやるわけです。そういうことをやるというのはどういうことかと言うと、考えてみれば、「蓮花」だって、私たちの祖先がいろいろな経験をもとに「蓮花」にしようと決めたわけです。もともと「蓮花」と決まっていたわけじゃない。「蓮花」と呼ばなきゃならないわけでもない。たまたまそうつけた。すると私たちは、つけた名前に今度はしばられるわけです。そして本当に自由が利かなくなるというところは、そういうことから起こってくるんじゃないでしょうか。

人間が作ったいろんな約束事、それはそういう約束事を作ったほうが便利だからと思って、最初はそういうふうにするんですけれども、だんだん時が経つにつれて、かえってそれが私たちを不自由にするもとになっている、ということはないでしょうか。

そういうことを、『無門関』の「首山竹篦《しゅざんしっぺい》」という則が教えてくれていると思います。「竹篦」と喚べば触れる。「竹篦」と喚ばなければ背く。さあ、どうするか。こういう問題です。そんな問いには答えようがないわけです。だけれど私たちは、いつの間にかそういう癖が付いていますから、何とかそれに答えようとあがきます。しかし結局、答えられない。

それが「ガタガタ」ということだと思います。どうしたら答えられるか。問いそのものを壊すしかないんです。その問いがどんなに不自然なものか、ということを私たち一人一人がはっきりと言えるようになる、というのが大事だと思うんです。約束事ですから、「竹篦」と名づけているのは。私たちが作り上げた約束事なんです。ところが今度は、それはそれでいいんですけれども、その約束事に私たちが縛られ始めるわけです。そして本当に自由にものを考えるということができなくなる。

禅は一言で言えば、「自由」ということだと思うんです。「自由自在」というところが眼目だと思います。その自由を、我々の約束事が縛るわけです。そこで何とか常識を破るということが必要になってくるんじゃないでしょうか。だけど、大先生が言っておられますよね。それだけではだめなんだ、大きな常識に生きることだ。だからこれはいいことですよね。禅の行きすぎにブレーキを掛けてくれるようなことを言ってくれています。

禅もそうだと思うんです。「竹篦」だと喚べば触れる、喚ばなければ背く。さあ、どうすると。その結果、より大きな常識がそこから生まれてくるんだ、ということですね。ですから、この智門禅師の言葉もそういうことだと思うんです。わざと常識を外れたことを言っているわけです。そしてそういうことを通して、本当に無となって、ということです。本当に無となって、無となったところから自ずと出て来る私たちの気持ち、それが大事なんだ、と言ってくれていると思います。

例えば、もちろん一つ一つの約束事を知らないと、哲学なんかはそうですよね、言葉の定義を知らなければ前に進めませんよね。だからそこが哲学と禅との違いかもしれません。禅は無一物がスタートなんです。そしてそれを最後まで大事にするんです。「無字に始まり無字に終わる」というところがあるんです。ただ一つ間違えるとたいへんなことになりますけれども、そこが大事です。

ですから、こういうことを言うことによって、私たちの既成概念を本当に壊してくれる。わけのわからない言葉が我々の既成概念をぶっ壊す。そして本当に無一物というか、無為になったところから自ずと湧いてくる気持ちに従って生きよ、というのが、禅の一つの大事な考え方だと思うのです。

「物に依らずして出で来たれ」

そこで雪竇禅師が、お師匠さんの、本当に常識はずれの答えに対してどんな詩を作っているか、ちょっと見てみます。「蓮花《れんげ》、荷葉《かよう》と、君《きみ》に報《ほう》じて知《し》らしむ」。「蓮花、荷葉」という言葉を出して「君に」告げて、あることを「知らしむ」。何とか知ってもらいたい、これだけは知ってもらいたい、と伝えているんだと、弟子の雪竇さんは、お師匠さんのこの問答に対して、答えに対して詠っています。「水を出づるは未だ出でざる時に何如」。水を出た時は、まだ水中にあった時とどう違うか、と言っております。

そして三句、四句を見てみます。「江北江南、王老に問うて」。「王老」というのは、南泉禅師のことで、南泉禅師が王という姓でしたので、南泉のことになるのですが、ここは南泉和尚のことではなくて、王という名の人のことを言います。日本では佐藤さんとか加藤さんとかと同じで、どこに行っても王さんという方がいるようなんです。だから、行く先々で人生経験豊かなご老人に会って、問うてみなさい。

「一狐疑い了《おわ》って一狐疑う」。しかし、どんなに経験豊かな王老に尋ねても、決着は付かないぞ、というのが最後のところです。「一狐疑い了って一狐疑う」。ですから、いろんな考えというのが成り立つんだと思います。だから、なるほど、ああそうか、それもいいな、と思うと、また別の王さんは違うことを言う。ああ、それもいいな、と決着が付かないと言うんです。

ならばどうするか。どこにこの詞の字眼があるかと言いますと、こう見れないでしょうか。「蓮花、荷葉と、君に報じて知らしむ」です、「水を出づるは未だ出でざる時に如何」。これに対して本則でそのような問答がなされたわけです。そうしますと、雪竇禅師のお気持ちは、本則の問答は短いですよね、ここで分からなければだめだ。そうでなければ、いくら経験豊かな人に尋ねても、尋ねれば尋ねるほど決着が付かなくなるぞ、と言いたいのでしょうか。

ですから、言葉の問題ではないんです。あることに気が付く、ということです。そうしましたら、後は自由自在。そこから生きていけばいいわけですから。それが「空開」ということだと思います。こういうことで、言葉にとらわれちゃいかんのだといって、そして空に開ける。「色即是空」と、そういう自覚に達する、これが大事だ、と言っておられるのではないでしょうか。

『般若心経』で言いますと、こう言えると思うんです。「色即是空」、これは見性です。自分の本性を見る。どういうふうに見るかと言いますと、「即」ですから、我々の肉体は四大でできているんです。その四大でできているまんまで、空だ。空が加わって、五大ででききているんだ、というう感じです。我々は四大でできているのではなくて、五大ででていているんだ、ということだと思います。それがいつも言っています、お墓にある五輪塔ですね。

そしてまたすぐに、『般若心経』は「空即是色」と、色に帰って来ます。そうすると、教相では最初の「色」と空を通って帰ってきた「色」は違うんだ、と言うんです。最初の「色」は形あるものですから、それを「有」とすると、空に達して、空を自覚して、「空即是色」と帰って来たそこは、「妙有」と言うんです。「妙なる有」だと言うんです。ところが、空というのは眼には見えませんから、形の上では同じようなものですよね。だけどそれは断じて違うんだ、というのです。最初の四大の「有」と、空に達して空が加わった五大の「妙有」とはまるっきり違うんだ、と。

さきほど挙げました臨済禅師のお言葉、いま自分がやっていることは何か、ということですが、「一法の人に与うる無し」と言っております。一つの真実をも人に与えているわけではないんだ、と言うんです。では何をやっているんですか、と聞きますと、自分を訪ねてくる修行者の「病を治し」、病気を治してやっているだけなんだ。与えているんじゃなくて、病気を治してやっている。それから、「縛を解く」と。「縛」ですから縛りです。縄で縛られて不自由になっていると。その縄をほどいてやっている、「解く」ですから。そういうことをやっているだけなんだ、と臨済禅師自身が言っています。

だけど、と言うんですね。仕方なくそういうことをやっているけれど、それは自分の本意じゃないんだ、と臨済さんはおっしゃるんです。自分はそんなことをしたいわけではないんだ、と。自分がしたいことは他にあるんだ、と言っておられます。それは何かと言うと、自分が本当にしたいのは、「道流《どうる》」、皆さん、と改めて呼びかけているんです。一緒に道を歩む皆さん、「物に依らずして出で来たれ」と言っています。これはいいですよね。

「物に依らずして出で来たれ」。「無一物」で出てこい、ということです。俺は偉いんだぞ、とそんな面して出てくるな、ということですよね。「無一物」で出て来てほしい。それで、自分はそういう人物と心いくまで語り合いたい、と言っています。それが自分の願いなんだ、本心なんだ、本当にやりたいことはそれなんだ、とこう言っているんです。

そうすると、臨済も無一物でしょうから、無一物同士の人がぶつかって、お会いして、話し合ったところに何が生まれるか。それは本当に想像できないですね。無一物と無一物の出会いですから、話がどういうふうに発展するか、想像すらできない。

だけど、どうですか、ことばは同じ「そうぞう」ですけど、そこは「創造」ですよね。本当のクリエイト（創造）とはそういうものじゃないでしょうか。何が作り出されるか、予想すらできない。そういうものがそこから生まれ出てくるわけです。だからこれが一番素晴らしいことだと思うんです。ただ単に、常識を破っているわけではないんですね。常識を破ることによって、そういう予想すらできないものが作り上げられる。これこそが、その大先生の言う大きな常識ではないでしょうか。

そのためには、私たちはどうしてもあまりにも言葉に縛られているから、その言葉も大事なんですけれども、一度その言葉にとらわれないところに達する必要がある。それで、禅宗の坊さんは、臨済禅師もそのお一人ですけれども、「言説名句」というものを非常に退けるんです。いわゆる、「蓮」なら「蓮」という言葉ではなくて、実物を見ろ、ということです。私たちは、便利ですから、「蓮」とか、根は「蓮根」とか、葉っぱは「荷葉」とか、いろいろ頭に入っていますと、ちらっと見ただけで、ああ葉っぱだ、荷葉だと済ましてしまうんです。それで本当の蓮を見ていない、荷葉を見ていないことになっているのではないでしょうか。

ですから、言葉が悪いわけではないんです。しかし、言葉からは真実は汲み取れないぞ、と主張しているんです。だからどうしても、言葉を取っ払って、生の眼で生の現実を見る、それが大事なんだということです。

「嫌う底の法無し」

だから言葉も本当に活かそうと思ったら、『臨済録』に出て来ます「一句、二句、三句」という言葉があります。どう違うか、ということですね。第一句で決着が付いたら、その人は素晴らしい人だと言うんです。祖仏のためにお師匠さんとなれると。そして、第二句は「人天の師」です。人間界、天上界のお師匠になれる。第三句まで待たないといけなかったら、「自救不了」だと決めつけるんです。そんな人物は自分すら救えんぞ、とこういうふうに言うわけです。

ですから、第一句で、――あの有名な「喝」と「棒」です、「臨済の喝」、「徳山の棒」。喝を発されて、棒で打たれて、空に開けたら、それこそそれでいいわけですよね。ところが、第三句ではどうなるのか。臨済禅師の言葉を持ちだしますと、「嫌う底の法無し」という言葉があります。これがいいと思うんです、例として。「嫌う底の法無し」、ところが、そんな言葉を待つまで分からないような、というよりも、「嫌う底の法」という言葉をどんなにつついてみても、そこからは救いはもたらされないぞ、と。見性はもちろん、どんな救いももたらされないぞ、とこういうことだと思います。

じゃあ、だめなのか、というと、だめではないんです。見方を変えていただきたいんですけれども、一句、二句、三句と共通しているものがあるんです。それは、見ている我々が、皆さんが、皆、空になっている。この空になっているというのは、秘密なんですね。王老もいろんな王老がいると言いました。たくさんいい考えが出る。ですから、「言説名句」は悪いことじゃないと思います。ただ「言説名句」だけからは出てこない。そのもとにあるのが何か。もとにあるのは「空」なんです。その「空」から、「嫌う底の法無し」という言葉が出て来た、とこういうふうに見たら、「嫌う底の法無し」が活きるんです。だけど、「嫌う底の法無し」という言葉だけからは真実は生まれないぞ、と。あくまでも「空」からです。こちらが「空」となって、「嫌う底の法無し」という言葉にぶつかる時に、はっと何か感じるものがあるんです。これがこの本則なんです。こんな言葉を聞いて、はっと何か感じるものがある。それはやはり、こちらがある程度「空」になっている必要がある。

ですから、第一句のもとにも、本当に空になっている人が棒で叩き、喝を発する、と。そこに棒と喝の力が出るわけです。人天のための師となるのもそうなんでしょう、同じことだと思います。最後の三番目も同じなんです。その出所が「空」であるというところに目を着けて、そうすると私たちが求めなきゃならないのは、やはり空になることです。そうしますと、一句も二句も三句も全部活きてくる。同じだと思います。何にもないところから、棒で叩きます。何にもない境涯から、「嫌う底の法無し」と言える。そういうことだと思います。少なくとも自分自身はまちがいなく救えます。

脚下を看よ――第二二則「雪峰鼈鼻蛇」

【垂示】垂示《すいじ》に云《いわ》く、大方外無《だいほうそとな》く、細《さい》なること隣虚《りんこ》の若《ごと》し。擒縦他《きんじゅうた》に非《あら》ず、巻舒我《けんじょわれ》に在《あ》り。必《かなら》ず粘《ねん》を解《と》き縛《ばく》を去《さ》らんと欲《ほっ》せば、直《じき》に須《すべか》らく迹《あと》を削《けず》り声《こえ》を呑《の》み、人人《にんにん》、要津《ようしん》を坐断《ざだん》し、箇箇《ここ》、壁立千仞《へきりゅうせんじん》なるべし。且《しばら》く道《い》え、是《こ》れ什麼人《いかなるひと》の境界《きょうがい》ぞ。試《こころ》みに挙《こ》し看《み》ん。

【本則】挙《こ》す。雪峰《せっぽう》、衆《しゅう》に示《しめ》して云《いわ》く、「南山《なんざん》に一条《いちじょう》の鼈鼻蛇《べつびじゃ》あり。汝等諸人《なんじらしょにん》、切《せつ》に須《すべか》らく好《よ》く看《み》るべし」。長慶云《ちょうけいいわ》く、「今日《こんにち》、堂中《どうちゅう》にて大《たし》かに人《ひと》の喪身失命《そうしんしつみょう》する有《あ》り」。僧《そう》、玄沙《げんしゃ》に挙似《こじ》す。玄沙云《げんしゃいわ》く、「須是《すべか》らく稜兄《りょうひん》にして始《はじ》めて得《よ》し。此《かく》の如《ごと》くなりと雖然《いえど》も、我《われ》は即《すなわ》ち恁麼《いんも》にせず」。僧云《そういわ》く、「和尚作麼生《おしょうそもさん》」。玄沙云《げんしゃいわ》く、「南山《なんざん》を用《もっ》て什麼《なに》か作《せ》ん」。雲門《うんもん》、拄杖《しゅじょう》を以《もっ》て雪峰《せっぽう》の面前《めんぜん》に攛《つき》向《む》けて、怕《おそ》るる勢《しぐさ》を作《な》す。

【頌】象骨《ぞうこつ》は巌高《いわおたか》くして人到《ひといた》らず、到《いた》る者《もの》は須是《すべか》らく弄蛇手《へびつかい》なるべし。稜師《りょうし》・備師《びし》、奈何《いかん》ともせず、喪身失命《そうしんしつみょう》するもの多少《いかほど》か有《あ》る。韶陽《じょうよう》は知《し》り、重《かさ》ねて草《くさ》を撥《はら》う、南北東西《なんぼくとうざい》討《たず》ぬるに処無《ところな》し。忽然《はた》と拄杖頭《しゅじょうとう》を突《つ》き出《だ》し、雪峰《せっぽう》に抛対《ほうりな》げて大《おお》いに口《くち》を張《ひら》く。大《おお》いに口《くち》を張《ひら》くや閃電《せんでん》に同《おな》じ、眉毛《びもう》を剔起《てっき》するも還《ま》た見《み》えず。如今《いま》、乳峰《にゅうほう》の前《まえ》に蔵《かく》在す。来《き》たるものは一一方便《いちいちほうべん》するを看《み》よ。師声高《しこわだか》に喝《かっ》して云《いわ》く、「脚下《きゃっか》を看《み》よ」。

禅の一大事

垂示からまいります。「大方外無《だいほうそと》く、細《さい》なること隣虚《りんこ》の若《ごと》し」。これが禅の主張する真理ということだと思います。ですから、一番大事なところなんです。よくやることなんですが、一番大事なところを最初にもってくるんです。「大方外無く」。「大」というのは大きいということで、「方」というのは方角でいいと思います。それが「外無く」。これはどういうことなんでしょうか。もうめいっぱいということですよね。外はないので、ぎりぎりまでいっている、ということが「外無く」です。すると、「大方」とは、言い方を換えますと大宇宙ということです。大宇宙の「大」ということに関しては、もう行き着くところまでいっているんだ、大宇宙の外には何もないんだ、ということになります。それが「大方外無く」です。

それで「細なること隣虚の若し」。ところが大だけではないんです。「細なること」、細やかなること、という点になりましたら、「隣虚の若し」。「隣」はとなりです。「虚」とは虚しいという字です。何にもないということですよね。何にもないものの隣だ。ちょっとでも動くともう何にもなくなる。細やかなることという段になったら、それほど小さくなる、ということです。ちょっと息を吹きかけただけで、もう何もなくなってしまう、という感じです。「隣虚」ですから、虚の隣です。

ですから、大きいという段になると、大宇宙の如く大きく、その外に何ものをも認めないというくらい大きく膨れあがる。細やかなる、ということになると、その逆に、触れなくても、ちょっと風を起こしただけでも、もうなくなってしまう、その姿が崩れてしまう、無になってしまう。そういうことをここで述べています。これが私たちのいのちのありようなんだ、とこうなるんですね。禅はこう主張するわけなんです。

それでもう一つ主張しております。それが次です。「擒縦《きんじゅう》他《た》に非《あら》ず、巻舒《けんじょ》我に在り」と言っております。「擒」というのは、小鳥を捉えるという時の「擒」です。「縦」はその反対でしょうか、放つ、ほしいままにさせる。捉えるも放つも、決して「他に非ず」ですから、例えば小鳥で言いますと、小鳥にあるのではない、ということが「他に非ず」ということだと思います。小鳥だから捉まえることができる。また、可愛いから可哀想で籠から出して放してあげる。それは、小鳥がではないんだ、というのが「他に非ず」だと思うんです。

そして「巻舒《けんじょ》我に在り」。「巻」というのは巻くです。「舒」というのは広げるです。巻くも広げるも、いわゆる禅でいう把住《はじゅう》と放行《ほうぎょう》です。物騒ですけど、一番親しい言葉で言えば、「活かすも殺すも」となると思うんです。「巻」は巻くですから殺す方ですね。「舒」は開いていく方ですから、活かす方になりますが、「活かすも殺すも我に在り」と、こうなるんです。

ここまでが禅の主張するところだと思うんです。それを各則ごとに変えていますが、本則ではこういうふうに、禅が知ってもらいたいこと、伝えたいことを出しているんだと思うのです。ですから、決して人ごとではなくて、ここで言っていることはわずか二行足らずですけれど、みなさんの自性なんです。みなさんの本性なんです。みなさんの仏性でもあるわけです。「自性すなわち無性にて」と言いますよね。あの自性です。自分の性《さが》、自分の本当のありよう。それがこのわずか二行足らずで語られているわけです。

例えば臨済禅師の場合ですと、ここをいろいろな方面から語っておりますが、一つの例を持って来ますと、「心法」と言っています。「心法」です。自性を「心法」と言っております。心というもののありよう、あり方。「心法形無くして」と言っています。無形です。「形無くして十方に通貫す」と述べています。こういうふうに簡潔に表しています。私たちの心のありようは形がない、というんです。これといって定まった形はない、というんです。形なくして十方に貫き通っている、と。十方に充ち満ちていると言っています。そうするとまさに「大方外無く」ですよね。しかし、そこだけではないわけです。ここに書いていているように「通貫」、貫き通っているということですから、細やかなところにも私たちの心法はあるぞ、とこうなります。どうでしょうか。

そして臨済禅師は続いて、有名な言葉ですが、「目にあっては見るといい」と言っています。目にあっては見るんだ、と。「耳にあっては聞くといい」と。「鼻にあっては香を嗅ぎ」と、こう言っています。だから、そういう全てが仏法なんです。そう思っていただきたいと思います。これは非常に簡潔で要を得ていますので、頭に叩き込んでください。

それがただ大きいというだけではなくて、どんな細やかなところにもそういうことがあるんだ、ということです。だから「伸縮」、伸びたり縮んだり、自由自在ということですよね。そこに私たちの心法の働きがある、ということだと思います。ある時は大きく働き、ある時は小さくなって、そこでめいっぱい、ということです。

人人箇箇

ところが、どうしたことか私たちは、事実はそうなんだけれども、なかなかそのように生きていない、働けないんです。それが前の二〇則ですよね。龍牙という若い頑固な修行者が出て来た則ですが、そこでの垂示をちょっと繙いてみますと、こういう垂示になっていました。

「堆山積嶽《たいざんせきがく》、撞墻磕壁《とうしょうこうへき》、佇思停機《ちょしていき》するは、一場《いちじょう》の苦屈《くくつ》なり」と言っておりました。山が重なり、「積嶽」、「嶽」というのは高く大きな山だそうです。それが積もっている。どこまでもどこまでも山が聳え連なっていると。「撞墻磕壁」。「撞」も「磕」もぶち当たるということです。そうすると、垣根に突きあたり、壁に突き当たると。大きい方をこのばあいは「堆山積嶽」で表しているんだと思います。そして小さい方の代表として、垣根とか壁にごつんとぶち当たる、と。これは何を表しているかと言うと、仏法なんだと、こういうわけです。仏法は山のごとく限りなく遠くまで連なっている、大きく言えばどこを見ても仏法だ、ということです。小さく言えば垣根とか壁も。

ところが、「佇思停機するは、一場の苦屈なり」。仏法はそのようにどこにでもあるんだけれども、私たちはつい、佇み、思い、働きをとどめてしまう。つい、とどまって頭で考えてしまい、そしてこの身体を動かす動きがとまってしまう、と言っています。これは「一場の苦屈なり」、一場の苦しみだ、と。仏法に囲まれて生きていながら、私たちはそれが分からない。そして動けなくなってしまう。これは何とも言えない一場の苦しみなんだ、と言っています。まさにそうですよね。仏法に囲まれて生きていながら、佇思停機してしまう。これはまことに「一場の苦屈なり」ということだと思うんです。

そこで今日の二二則に帰りますが、そこでどうしたらいいか。「必ず粘《ねん》を解き縛《ばく》を去らんと欲せば」、これです。私たちをがんじがらめにしているものがある。それが「粘」です。その「粘を解き」。それではそれは具体的には何か。いろんなことがもちろん言えるわけなんですが、生まれてから今まで身に付けてきた知識だ、と言うんです。それが粘着して、我々の身体にまとわりついて、自由な働きをさせない。

「縛を去らんと欲せば」。「縛」とは何か。何を当てはめてもいいんですけれども、私たちが今まで生きてきた間につくりあげた人生観だ、と言うんです。ああ、人生とはこういうもんだ、世の中とはこういうもんだ、という思いが「縛」なんだと。縄となって我々の身体を縛っているんだ、とこういうわけです。

だから、つい「佇思停機」、思いに佇み、知識があるがゆえに、その知識の方に持って行ってしまい、そこで身体がストップしてしまう、佇んでしまう。「停機」は、働きが止まってしまう、というわけです。

「粘」とか「縛」というのは、我々の知識である。また今までに思い定めてきた人生を見る眼、人生とはこういうものだ、と。それを一度まっさらにしなければ、というのが、「粘を解き縛を去らんと欲せば」、とこういうわけです。

じゃあどうなるか。「直《じき》に須《すべから》く迹《あと》を削《けず》り声を呑み」。「直に」というのは今、ということです。直ぐに、ということです。直ぐに、今ここで、ということです。「須く〜すべし」というのは、すべからくこうすべきだ、ということです。どうすべきか。「迹を削り声を呑む」ですから、「迹」というのは、私たちが生きてくる間に身に付けた分別、知識というものであり、それを削っていかなければいけない。取っ払ってもらわなければならん、というわけです。

そして「声を呑む」。うんともすんとも言えない、という状態がありますよね。そういう状態だと思います。「声を呑む」、もう声が出ない。私たちが一生懸命身に付けてきた知識を削っていくんです。たいへんなことですよね。ところがそうやっていって、その果てに声を呑むような、そういうようなところが出て来るということだと思います。うんともすんとも言えないところが出て来る。分別知識であればそういうことはないと思います。うんともすんとも言えないようなところに出会うことなんかないと思います。

そういうふうに削っていく。削っていくということは小さくしていくわけですね。ある意味で知識を取っ払っていくわけですから。ところが逆に、声を呑むような、大きな大きな世界に出会うぞ、ということを言ってくれているんだと思います。どうでしょうか。あっと驚くような世界にぶつかる、という。

それは「人人《にんにん》」なんだ。一人一人なんだと言うんですね。ということは一人一人違うけれども、一人一人その人なりにこういう状態が出て来る、ということです。「要津《ようしん》を坐断《ざだん》し」と書いてあります。「要津」というのは、重要な港です。だから大事なところです。仏法で言えば、彼岸に渡るのに重要な大切な渡し場という感じですね。

ですから、これもいろいろな言い方があると思うんですけれど、大事だ大事だと思っていたその港を「坐断し」。「坐」というのは坐る、ということですが、しかしこれには「いながら」という読み方もあります。「いながら」というのは平常心という感じです。普段の日常の生活そのままに、「断」です。截断する。「坐断」というのは、切り捨てる、というよりも、とらわれない、ということでしょうね。私たちは特にいいものには執着があって手放さない、ということがありますよね。悪いものはもちろん、いいものもみんな放りだして、というようなことだと思います。

ちょっと難しい言葉を使いますと、『大燈国師遺誡《だいとうこくしゆいかい》』というのがございまして、いつかは皆さんに一人残らず見ていただきたいと思うような、素晴らしい文句がたたみ込まれている短いお経です。「無理会《むりえ》の処《ところ》に向かって究め来たり究め去るべし」とあります。「無理会」。分からない、まだ分からないところへ向かって、「究め来たり究め去るべし」と、大燈国師が我々に向かって遺言をしているわけです。大燈国師が、自分の児孫と言うためには、そういうことを心掛けてほしいと。言い方を換えますと、得たら捨て、得たら捨て、得たものはみな捨ててしまって、まだ分からないものに向かって進んでもらいたい、とこういう工合です。「無理会の処に向かって究め来たり究め去るべし」と。究めたらまた放りだして、次の無理会のところへ向かって進んでほしい、とこういうわけです。

それが「要津を坐断し」ということだと思います。「要津」なので、大事なものなんです。決してどうでもいいのではないけれど、それをも捨てて、なお分からないところへ向かって進んでほしい、とこういうわけです。「人人」です。一人一人誰もがそうあってほしい。

「箇箇《ここ》」、これも一人一人です。そうして進んでいくと、「箇箇、壁立千仞《へきりゅうせんじん》なるべし」、と言っています。壁でしょうか、山で言えば断崖絶壁でしょうか。それが立ちはだかる、千仞の断崖絶壁が立ちはだかる、というよりも、千仞の断崖絶壁にその人がなる、ということだと思います。「箇箇」、一人一人がもう、千仞の断崖絶壁になる。誰一人寄せつけないような人間がそこに出来上がるというんです。これは、お釈迦様が生まれた時の「天上天下唯我独尊」、これと同じことだと思います。だから特別のことと思わないでください。お釈迦様がお生まれになった時、天上天下唯我独尊、我一人尊しと言っていますね。我一人なんです。誰も寄せつけないんです。俺一人だ、と。

しかし、「箇箇」とか「人人」と言っているように、みんながそうなんだ、と言っているんです。俺一人、というのがみんななんだ、みんなそう言えるんだ、というので、決して独占しているわけではないんです。儂もそうだ、あんたもそうだ。こういう言い方です。ですからお釈迦様がお悟りになった時、自分だけが悟った、と言っていません。みんな悟っていた、みんな仏だった、とこんな言い方を、私たちは伝え聞いているわけです。

そして「且《しばら》く道《い》え」、まあ言ってみろ、と。「是れ什麼人《いかなるひと》の境界ぞ」。これはいったい誰の境界か、というわけです。「試《こころ》みに挙《こ》し看《み》ん」。試しにここに挙げてみるから、よく参究してほしいというわけです。ここでは、雪峰、長慶、玄沙、そして雲門という有名な禅師方が例として挙げられているわけなんですけれども、これにとどまらないわけです。ここにお集まりの皆さん一人一人がそうだ、とこういうふうに自覚してもらいたいがために、こういう言い方で本則に繋いでいるんだと思います。

雪峰禅師と弟子の問答

本則に入ります。「挙《こ》す。雪峰《せっぽう》、衆《しゅう》に示して云《いわ》く」と言っています。雪峰禅師です。第五則のところで出て来た雪峰禅師ですね。ここにまた登場いたします。「南山《なんざん》に」。南山というのは雪峰禅師がお住まいの山、と大雑把に見ていただいていいと思いますが、「一条《いちじょう》の」、一匹の「鼈鼻蛇《べつびじゃ》あり」。大亀のような鼻をした毒蛇だそうです。一匹の大きな毒蛇が住んでいる、と。これは誰でしょうか。よその人のことを言っているんじゃないんですね、雪峰はこれは自分のことだと言っているんだと思います。ここに一匹の大きな毒蛇がいる。「汝等諸人《なんじらしょにん》、切《せつ》に須《すべか》らく好《よ》く看《み》るべし」。「切」がよく利いています。「切望」の「切」です。身を切っても、という感じです。身を切っても血を流しても、どうかしっかりと見てほしい、と言っているわけなのです。

そうしますと、「長慶云《ちょうけい》く」。雪峰のお弟子さんはたくさんいらっしゃるんですけれども、長慶という方は年長の方のようです。お弟子さんの中でも、兄弟子に当たるようです。その長慶が言いますのに、「今日《こんにち》」、「堂中《どうちゅう》にて」、これは今で言えば禅堂でいいでしょうか。禅堂で、「大《たし》に人《か》の喪身失命《そうしんしつみょう》する有り」と言っています。確かにおっしゃる通りだ。「人の喪身失命する有り」。その毒蛇に噛まれて亡くなった人がいた、という感じです。

この「喪身失命」というのは、垂示の言葉で言いますと、「直に須く迹を削り」というところです。どうでしょうか。「直に須く迹を削り」、分別知識を全部奪われてしまった。毒蛇に噛まれて分別がなくなった。なくなった中心は、この分別知識というやつだと思うんです。そこを喪身失命と言っています。

そしてどうなったか。「声を呑み」と続くんでしたね。あっと驚いた事態に出くわした。これはどういうことでしょうか。これが空に出会ったということだと思うんです。『般若心経』でいう「色即是空」という世界にぶちあたった、ということだと思うんです。そして、空に出会ったそのところ、そこは何とも表現出来ない、まさに声を呑み、というしかない。そういうような事態に出くわした。

こういうふうに、長老の長慶が語るわけです。そのことを、後にあるお坊さんが、玄沙《げんしゃ》に挙似《こじ》する。玄沙という人も有名です。なかなかの人物であります。その場に玄沙はいなかったんだと思います。玄沙に、かくかくしかじかのことがあって、長慶さんがこのように、その場で直ぐに雪峰禅師に答えました、と玄沙に伝えますと、「玄沙云く、須是《すべか》らく稜兄《りょうひん》にして始めて得《よ》し」と。「稜兄」というのは長慶のことです。長慶慧稜《ちょうけいえりょう》と申します。

「稜兄にして始めて得し」。ああ、そんなことができるのは長慶大兄くらいだろう、と、まあこういう感じです。言葉としては。長慶さんがいたからよかった、そういうお答えができた、と。

「此《かく》の如《ごと》くなりと雖然《いえど》も、我は即《すなわ》ち恁麽《いんも》にせず」。ここがやはり、玄沙の玄沙らしいところです。それはそうだが、と、先ず兄貴株の長慶を持ち上げておきまして、しかし、儂だったらそんな答えはしない、とこういうふうにやるんです。

では、「僧云く、和尚作麽生《おしょうそもさん》」。じゃあ和尚さんはどんなお答えをなさるんですか、と尋ねますと、「玄沙云く、南山を用《もっ》て什麽《なに》か作《せ》ん」と答えたということです。南山だけの話じゃない、というんでしょうね。それは「人人」です。「箇箇」です。みんなそうだ、ということですよね。南山の特許じゃない。南山だけの売り物じゃない。私たちが生きているところ、みんなこの事実はあるんだ、ということだと思うんです。当然、儂のところにだってあるぞ、ということです。儂だけじゃなくて、みんなのところ、みんなそれぞれ一人一人が持っている真実だぞ、と言ってくれているんだと思います。

ただ、次の雲門《うんもん》はその場にいたんだと思います。なので、「長慶云く、今日、堂中にて大いに人の喪身失命する有り」から、「雲門」に続くんだと思うんです。玄沙のところはちょっと括弧にいれておいてください。今度は雲門の登場になります。雲門禅師はその場に居合わせた。

そして、「拄杖《しゅじょう》を以て」。行脚の時に、それこそ蛇なんかに噛まれないように持って歩くんですね。その杖をもって、「雪峰の面前に攛向《つきつ》けて」、「怕《おそ》るる勢《しぐさ》を作《な》す」。ああ、怖っ、蛇だ!!、てなもんでしょうね。こういうところであります。

「鼈鼻蛇」とは――脚下を看よ

それで頌になります。これを雪竇さんがどうつかまえて、それをまた私たちにどう示してくださるのか。「象骨《ぞうこつ》は巌《いわお》高くして人到《いた》らず」。象骨とは象骨山で、雪峰禅師がお住まいの山。いま、南山と言いましたけれども、具体的には象骨山というところにお住まいだったようです。ですから、雪峰禅師のお住まいの山、象骨は「巌高くして」。なかなか厳しくて近寄りがたい山だ、と。「人到らず」。人はなかなか近寄れない。ただ巌が高いだけではなくて、鼈鼻蛇《べつびじゃ》が住んでいるわけです。

「到る者は須是《すべか》らく弄蛇手《へびつかい》なるべし」。「蛇を弄する手」と書いてあります。蛇使いです。雪峰のお山に近づくためには、蛇にも強いものでなければいかん、蛇にうろたえているようなものだったら、とうてい近寄れない、とこんな感じです。高い山というだけじゃない。

高さにも強いもの、それに加えて、蛇にも強いものであって初めて、雪峰の山に近づけるんだ、法の為にはいのちもかえりみない者であって初めて、と。

「稜師《りょうし》・備師《びし》」、「稜師」というのは長慶のことで、「備師」というのは玄沙のことです。いや、できなかったわけじゃないように、私たちは思いますよね。どこを見て、雪竇さんは「稜師・備師、奈何ともせず」。あの長慶も玄沙も、雪峰をどうすることもできなかった。はこのお二人を、雪峰をどうすることもできなかった、と言っているのでしょうか。ただ言われるままだった、という感じです。稜師、備師のお二人は、お師匠の雪峰禅師に言われるままだった。ただただ唯々諾々と従っていただけだった。もちろんそれでいいんですよ。それでいいわけですけれど。

そこで、「喪身失命《そうしんしつみょう》するもの多少《いかほど》か有る」。どれくらいあったろうか、というのですね。これは唯々諾々と従ったから、あれだけの数だ、と。もし従わないで何かやったら、食って掛かったら、そうしたらもっとたくさん死人が出たぞ、という感じですね。それが問答の醍醐味です。面白いところです。

そこを、「韶陽《じょうよう》は知り」。雲門禅師はよく知っていたから、大衆を代表して「重ねて草を撥《はら》う」。拄杖を持ち出して草を払って、どこにいますかいな、と探すしぐさをしたんですね。ここに雲門の賊機を見て、雪竇はつづけて頌います。

「南北東西討《たず》ぬるに処《ところ》無し」。「南北東西」どこを尋ねても、鼈鼻蛇なんて一匹もおらんぞ、と言っております。鼈鼻蛇を持ち出して、そういう問答を仕掛けただけで、毒蛇の問題ではないわけです。毒蛇は雪峰自身でした。雲門自身が、どこをにらんでこんなことをしたか、ということが問題点だと思います。

「忽然《はた》と拄杖頭《しゅじょうとう》を突き出し」とあります。「忽然と」、突然、拄杖を突き出して、その拄杖を鼈鼻蛇にして、雪峰の前に突き出した、というわけです。「雪峰に抛対《ほうりな》げて大いに口を張《ひら》く」。雪峰に拄杖を放り投げて、雲門自身の口を大きく開けて、カーッとやったと。今度は雲門が鼈鼻蛇になったんです。「大いに口を張くや閃電《せんでん》に同じ」。確かにそこに鼈鼻蛇はいた。いましたけれども、別に毒蛇じゃないわけですから、「閃電に同じ」。あっという間に毒蛇は消えてしまった。逆に言うと、口を大きく開いたそこに、しっかりと鼈鼻蛇を見ることができたかな、という感じです。

「眉毛《びもう》を剔起《てっき》するも還《ま》た見えず」。眉毛を「剔起する」、持ち上げる、ということは、目を大きく見開いて見ても、「還た見えず」。かえって見えない。見ることができない。

これはどういうことでしょうか。お釈迦さんのお弟子に阿那律《あなりつ》という方がいます。お釈迦さんのご説法中に眠ってしまって、それを恥じて「もう眠らない」と心に決めて苦行するわけです。それでとうとう目を潰してしまった。だけど、目を潰したおかげで心の目が開いた、というお話です。

これだと思うんです。目では見えないんです。この鼈鼻蛇というのは目では見えないんです。だからどんなに大きく目を見開いて、眉毛を剔起したところで見えないんです。心で見るしかないわけです。心眼で見取るしかないんです。ないものですから。やはり、雲門が大きく口を開いた時に、そこで心眼でもって、心の目でもって、あ、これが鼈鼻蛇だ、とこう見るしかないわけです。いかに目の玉を大きく見開いてもそれだけでは見えないぞ、と。

「如今《いま》、乳峰《にゅうほう》の前に蔵在《かく》す」。「乳峰」というのは雪竇さんが住んでいる山です。ですから、今ここに鼈鼻蛇はかくまっている。「来たるものは一一《いちいち》方便するを看《み》よ」。その鼈鼻蛇が、この乳峰を、雪竇のところを尋ねてくる一人一人の修行者たちに、その鼈鼻蛇が蠢くのを看よ、と。「師声高に喝《かっ》して云《いわ》く、脚下《きゃっか》を看よ」。これが一つ一つの方便のうちの一つです。今ここでは、「脚下を看よ」と雪竇さんが唱えました。「師声高に喝して云く」というのは、これを編んだ方が入れた言葉だと思います。ですから、「如今、乳峰の前に蔵在す。来る者は一一方便するを看よ」、「脚下を看よ」と言ったと、こういう繋がりだと思います。

この鼈鼻蛇は、私たち一人一人の脚下にいるんです。乳峰だけじゃありません。私たち一人一人の脚下に住んでいるんです。いつ、噛みついてくれるか。噛みついてくれることによって私たちが一変できるか。喪身失命して、そこであっと驚く、何とも表現できない、うんともすんとも言えない光景に出会って、そして変わることができるのか。

いつも言っていますけれど、北原白秋がそうでした。あれほどの素晴らしい歌を、詩を作りながら、晩年は迷うわけです。こんなんで俺はこの世に生まれて来た意味があったのかと、迷うわけです。糖尿病で、腎臓も悪かったんでしょうか、身体も衰えていきます。晩年には失明というか、ほとんど目が見えなくなったそうです。と同時に、自分を省みて、これでよかったのか、と。それで目が見えなくなってきた、ということもあって、奈良の鑑真和上のお寺、唐招提寺を訪ねるわけです。そこで思いもかけないものに出会います。

それは何かと言うと、千手観音です。その千手観音の千の手の一つが筆を握っていたそうなんです。それを見て救われるんです。いっぺんに救われるんです。どっと涙が出たと言っています。もう自分の一生はむだだったのかどうかなんて、ふっとんでしまったんだと思います。どうでもよくなったんだと思います。千手観音の手の一つが筆を握っている、ただそれだけで、あっという間に変わってしまうんです。それまでの悩みがふっとんでしまった。嘘のように飛んでいってしまったわけですね。

そこで白秋は、こう歌います。「観音の千手の中に筆もたす　み手一つありき涙す我は」

と。

行き着くところは、「脚下を看よ」というところだと思います。いろいろ方便するけれども、畢竟《ひっきょう》は脚下を見てくれ、というところにある。そこに大事があるんだ、ということでしょうか。

妙峰頂に上る――第二三則「保福妙峰頂」

【垂示】垂示《すいじ》に云《いわ》く、玉《ぎょく》は火《ひ》を将《もっ》て試《こころ》み、金《きん》は石《いし》を将《もっ》て試《こころ》み、剣《けん》は毛《け》を将《もっ》て試《こころ》み、水《みず》は杖《つえ》を将《もっ》て試《こころ》む。衲僧門下《のうそうもんか》に至《いた》っては、一言一句《いちごんいっく》、一機一境《いっきいっきょう》、一出一入《いっしゅついちにゅう》、一挨一拶《いちあいいっさつ》に深浅《しんせん》を見《み》んことを要《よう》し、向背《こうはい》を見《み》んことを要《よう》す。且《しばら》く道《い》え、什麼《なに》を将《もっ》てか試《こころ》みん。請《こ》う挙《こ》し看《み》ん。

【本則】挙《こ》す。保福《ほふく》と長慶《ちょうけい》と、山《やま》に遊《あそ》びし次《とき》、福《ふく》、手《て》を以《もっ》て指《ゆびさ》して云《いわ》く、「只《た》だ這裏《ここ》こそは便《すなわ》ち是《こ》れ妙峰頂《みょうぶちょう》」。慶云《けいいわ》く、「是《ぜ》なることは則《すなわ》ち是《ぜ》なるも、可惜許《おしむべし》」。雪竇著語《せっちょうじゃくご》して云《いわ》く、「今日這《こんにちこ》の漢《おとこ》と共《とも》に山《やま》に遊《あそ》ばば、箇《こ》の什麼《なに》をか図《はか》らん」。復《ま》た云《いわ》く、「百千年後《ひゃくせんねんのち》も無《な》しとは道《い》わず、只《た》だ是《こ》れ少《まれ》なり」。後《のち》に鏡清《きょうしょう》に挙似《しめ》す。清云《しょういわ》く、「若《も》し是《こ》れ孫公《そんこう》にあらずんば、便《すなわ》ち髑髏《どくろ》の野《や》に遍《あまね》きを見《み》ん」。

【頌】妙峰《みょうぶ》孤頂《こちょう》、草離離《くさりり》たり、拈得《ねんとく》して分明《ふんみょう》に誰《たれ》にか付与《あた》えん。是《こ》れ孫公《そんこう》の端的《たんてき》を辨《べん》ずるにあらずんば、髑髏《どくろ》の地《ち》に著《つ》くを幾人《いくひと》か知《し》らん。

「一挨一拶に深浅を見る」

垂示からまいります。「玉《ぎょく》は火を将《もっ》て試《こころ》み」。玉が本物かどうか、火に入れて三日三晩、色が変わりませんと本物だ、美しい玉、美玉だ、とされたそうです。「金は石を将て試み」。試金石という言葉があります。この試金石というのは、黒く丸い石だそうです。それで傷がつくかどうかで見分けると。「剣は毛を将て試み」。吹毛《すいもう》の剣といいます。「吹」ですから、吹き付けるでしょうか。毛をふっと剣に吹き付けまして、その毛が斬れると、それを名剣だとしたそうです。「水は杖を将て試む」。河に行き着きますと、中国では黄河に代表されますように、濁った河が多いそうです。そこで見た目には深浅が分かりませんから、杖をもってどれくらいの深さか、また底は何なのか、泥なのか、砂利なのか、藻なのか確かめてから渡る工夫をするそうです。

それに対しまして、「衲僧門下《のうそう》に至っては」。衲僧とは、破れ衣を着た僧というんだそうですね。ですからこれは、禅宗の坊さんだけに使ってほしい、と思うわけです。よそのお宗旨のお坊さんを衲僧と呼ぶと、失礼にあたるわけです。それで、禅宗門下に至ってはどうか。禅宗門下の問題に関してはどうか。

「一言一句《いちごんいっく》、一機一境《いっきいっきょう》、一出一入《いっしゅついちにゅう》、一挨一拶《いちあいいっさつ》に深浅《しんせん》を見んことを要《よう》し」。このあたりに何か衲僧門下の秘密があるようですね。しかし、それと同時に、どうでしょうか。「仏の十号」の中に、「如来」という呼び方があります。それから、「善逝《ぜんぜい》」という呼び方がありました。こういう生き方に通じるものがあると思うんです。ですから、禅宗だけのことなんですが、それがお釈迦様にも通底していく何ものかだと思います。

「一言一句」、ちょっとした言葉にもある何か。「一機一境」、心に働いているんですが、まだ形として外に現れていないものを「一機」といい、外に出たところを「一境」という、ということです。「一機」とはまだ内心。心の内の出来事です。それが外に出ますと「一境」ということになるわけです。「一出一入」。これは出入ですね。吐く息は外へ出て行くわけです。吸う息はスーッと内へ入ってきます。あるいは、外へ出て行くんですから、「放行《ほうぎょう》」という言葉がありました。内へ入る、それを「把住《はじゅう》」といいます。「放行、把住」

くか。

もこの「一出一入」です。どういった時に放行し、どういった時に把住として出入してい

「一挨一拶に深浅を見んことを要し」。挨拶という言葉があります。普段使っておりますね。「挨」は軽く触れる。「拶」は、深く突っ込んでいく。相手がどれだけの人物か、ある時は軽く触れ、ある時は心の底まで見抜こうとする。そのようにして、「深浅」、深い浅いを「見んことを要し、向背《こうはい》を見んことを要す」。「向背」。「向」とは向かう、ということですから、仏様の道を歩んでいる、間違いないというようなことです。「背」は背くですね。ちょっと軌道を外れているんじゃないか、とかいうことです。軌道に乗っているのか、ちょっとお釈迦様の道に外れていないか、ということを「見んことを要す」。

「且《しばら》く道《い》え、什麼《なに》を将てか試みん」。いったいその時、何をもって試みるのか。その例を本則で挙げるから、「請う挙《こ》し看《み》ん」。よく見て勉強してほしい、こういうわけです。

「妙峰頂」――長慶と保福の問答

そこで本則になります。どこが中心かと言うと、「妙峰頂《みょうぶちょう》」というところに注目していただきたいと思います。「什麼を将てか試みん」。何も妙峰頂だけではないんですけれども、

妙峰頂を掴んでいただきますと、この則はいっぺんで分かるというものだと思うわけです。妙峰頂に気を付けておいてください。

「挙《こ》す。保《ほ》福《ふく》と長慶《ちょうけい》と、山に遊びし次《とき》」。保福、長慶と言いますと、有名な雪峰禅師のお弟子さんです。この他に雪峰禅師のお弟子さんは、雲門禅師がいらっしゃいます。玄沙禅師もいらっしゃいます。しかし、ここに登場します長慶というお方が、一番年長だったようです。一番先輩のようです。そこでこの則では保福をたしなめる役を長慶が担っております。

保福と長慶が山に登った折りに、保福が「手を以て指《ゆびさ》して云く、只《た》だ這裏《ここ》こそは便《すなわ》ち是《こ》れ妙峰頂」。素晴らしい景色に出会ったんだと思うんです。お師匠さんの雪峰禅師のおられた山、保福や長慶が修行していた道場の近くには、たいへん綺麗な山があったということです。そこへたまたま山登りをして素晴らしい眺めを見たのか、「只だ這裏こそは便ち是れ妙峰頂」と言った。素晴らしい景色を「妙峰頂」と言うようです。

妙峰頂のいわれは『華厳経』にあるということです。『華厳経』と言いますのは、お釈迦様がお悟りを開きまして三週間でしょうか、二十一日間、座を動かなかった。お悟りになった内容を縦に噛み横に噛み味わっていたと。その当時の思いをまとめたお経ですから、なかなか難解なお経です。そこの一章に「入法界品《にゅうほっかいぼん》」というのがありまして、そこで第一番目に出て来るのが、この妙峰頂だそうです。善財童子という若者が、文殊菩薩に言われまして、五十三人の善知識を尋ねるわけです。そしていろいろ真理を語っていただくわけです。修行していくわけです。「東海道五十三次」も、これから出たんだということです。

その「入法界品」によりますと、南方に勝楽国《しょうらく》という国があると。そこに徳雲比丘《とくうんびく》というお坊さんがおられる。比丘というのはお坊さんですね、沙門です。徳雲比丘に先ずお会いするように、と。文殊さんが第一に行きなさいと言ったところは、徳雲比丘のところ、ということです。そこで、徳雲比丘を尋ねて妙峰頂に登るわけなんですが、その妙峰頂のどこを探しても会えないんです。いないわけです。

お経では、一度たりとも徳雲比丘は、妙峰頂を下りたことはないと書いてあるわけです。ですから、妙峰頂のどこかにいるはずだ、と七日間尋ね回ったそうです。ところがお会いできない。がっかりして妙峰頂を下ります。そして、別の山に登りますと、そこでバタリと徳雲比丘に会うんです。これはいったいどういうことでしょうか。

この話は、曹洞宗をお開きになった洞山禅師の少年時代を思い出させます。『般若心経』には、「無眼耳鼻舌身意《むげんにびぜっしんい》」とあります。眼もない、耳もない、鼻もないと続きます。そのことを、洞山さんがまだ十にならない頃といいますから、七、八歳でお師匠さんに尋ねるわけです。

「お師匠さん、お経にはこう書いてあります。眼もない、耳もない、鼻もない、舌もない、身体もないと書いてありますが、私はこのように眼もあり、耳もあり、鼻もあり、口もあり、身体もあります。いったいどっちが本当でしょうか。お経は真実だと和尚さんは常々言っております。お経の説くところはみんな本当だと。嘘偽りはない、と和尚さんはいつも私に言っております。お経がそのようなものであったなら、私はいま眼があると思っている、耳があると思っている、鼻があると思っている、口があると思っている、身体があると思っている。これはいったいどういうことなんでしょうか」と聞くわけです。

同じですよね。お経には、徳雲比丘は山を下りたことは一度もないと書いてある。ところが、そこを尋ねても、七日間尋ね回ったけれども、お会いできなかった。がっかりして下りて、別の山に登ったら、そこでお会いできた。これはどういうことか。お経が嘘を書いているのか、それとも自分が会ったというのが事実でないのか、というようなことです。

これを「別峰相見」と言います。別の峰でお互いに会った、相い見《まみ》えた。徳雲比丘にお会いするためには、妙峰頂に登らなければならない。そこにおられて、一度たりとも下りられない方でありますから。ところが、別の峰、別の山でお会いできた。「別峰相見」ということで、古来やかましいところです。この「別峰相見」をしっかりと掴んでいただくと、だいたい禅のことは分かると言っても言い過ぎでないくらいのことなのです。

そのことはこれくらいにしておきまして、ただ、禅の大事を見たわけです。「只だ這裏こそは便ち是れ妙峰頂」と保福が言った時は、現に目の前に禅の大事をとらえたわけです。ところが、「慶云く」、長慶が言います。「是《ぜ》なることは則《すなわ》ち是《ぜ》なるも、可惜許《おしむべし》」と言っています。いいことはいいんだが、という感じです。ということは、それだけでは足りんぞ、ということなんでしょうね。

そこへ、後にずっと時代が下りますが、雪竇禅師が著語してくれております。「今日這《こ》の漢《おとこ》と共に山に遊ばば、箇《こ》の什麼《なに》をか図《はか》らん」。これはちょっと難しいですよね。漢文を日本語読みするんですから、普通のこなれた日本語にはなりません。これもちょっと変な日本語だと思うんですが、中国語を日本語読みするのが難しい、ということです。

意味としてはこういうことだと思います。今日、今です。過去でもない未来でもない今、とこう思ってください。今、「這の漢」、というのは、保福と長慶でしょうね。彼らと「共に山に遊ばば」。雪竇様が、このお二人とともに山に遊んだとしたら、いったい「箇の什麼をか図らん」、この二人はいったい何をなさんとしているのか。儂をも巻き込んで、ということだと思います。お二人は、雪竇さんを巻き込んで、いったい何をしようとしているのか。綺麗な景色に出会いました。妙峰頂でいいじゃないか、ということです。綺麗だなあ、ああ気持ちがいい、これでいいじゃないか。いったい何が不足なんだ、とこういうことなんでしょうか。

まだ言いたい、ということで、「復た云く」。「百千年後も無しとは道《い》わず」。百千年後。今日と出しましたよね。今から百千年後の未来でしょうね。その時も、このような問答はないとは言わないけれども、「只だ是れ少《まれ》なり」。しかし、少ないだろう、とこういうことですよね。ということは、逆に過去に遡ってみますと、今までこういう問答はないことはなかっただろうけれど、やはり稀だ。未来に向かっても同じことがいえる。ということは、今日のこの保福と長慶の問答というのは、これは滅多に聞けない問答だぞ、と、この問答をぐっと持ち上げているんだと思います。

まだそれでも足りないと言うのでしょうか、後に鏡清《きょうしょう》の言葉が出てまいります。鏡清も、雪峰禅師のお弟子さんの一人です。「後に鏡清に挙似《しめ》す」。鏡清禅師に、こんなことがあった、と誰かが伝えたんだと思うんです。そうしますと、「清云く」、鏡清は言いました。「是れ孫公《そんこう》にあらずんば」、孫公というのは長慶の俗名です。孫さん、ですから、「若《も》し是れ孫公にあらずんば」、そこに長慶がいなかったら、「便《すなわ》ち髑髏《どくろ》の野《や》に遍《あまね》きを見ん」。人っ子一人いない荒野に、髑髏のみが転がっている。荒野一杯に髑髏がずらりと並んでいる、というようなことになるところだった、という問答です。

常住の法とは――不殺生戒をめぐって

そこで、「妙峰頂」ということを、かさねて聞いていただきたいと思うわけです。いつもこういったことを問題とする時、みなさんに一番分かってもらえるのではないかと思ってお話しますのは、『般若心経』の「色即是空、空即是色」です。それをいつもお話しているわけですが、「妙峰頂」というのはどこでしょうか。「色即是空、空即是色」でいうと、どこにあたるんでしょうか。

「妙峰頂」というのは「空」の世界です。「空」の世界を「妙峰頂」と言っているんだと思います。「妙峰頂」というのは、妙峰の頂《いただき》ですから、山の頂ですから、この「空」のところですね。「空」のところを「妙峰頂」と言うんだと思います。

そうすると、それだけでいろんなイメージが湧きますよね。どうでしょうか。徳雲比丘は空におられたんです。空の世界は眼に見えませんよね。ですから、どんなに善財童子が尋ね回っても会えなかった、という思いも、自然と出て来ますよね。だけど、それではちょっとつまらないと思います。

では、どうすれば面白くなるかといいますと、「色即是空」と「空」に行って、すぐに「空即是色」と打ち返します。そこに値打ちがあると思うんです。ですから、『般若心経』が主張するところは「色」だけではないんです。「空」だけでもないんです。「色即是空、空即是色」という八文字を主張しているんです。ですから、その八文字は一気に読まなければいけないと思います。どこかで切りますと、『般若心経』の意に沿わないんだと思います。「色即是空、空即是色」の八文字は一息で読まなければならないんです。

それで、迷いと悟りということがあります。いつも言うんですけれど、迷いの話は聞きたくない。どうしてかと言うと、自分が迷っているから。もう迷いのことはよく分かる。だから悟りの話が聞きたいんです。ですから、悟りの話をしてくださいという、私はそういう男でした。

馬祖道一禅師のお弟子さんのお一人、塩官《えんかん》禅師という方が、ここに出て来る素晴らしい和尚さん方のお師匠さんである雪峰禅師に、ある時お諭ししたということです。雪峰禅師に話したというよりも、説法を聞いていたたくさんの中に雪峰禅師がいたのかもしれません。お話したことの一つが、「迷い」ということ。迷いとは、形のないものを形のあるものと思っている。これが迷いだ、と言ったそうです。

これはどうですか。実にいい答えですよね。私たちが迷っている。朝から晩まで苦しんでいる。形のないものを、形があると思っている。それが迷いだ。このように、短いですすけど、ぐさっと教えてくれています。でも、皆さんにとっては、そんなに予想外のことではないですよね。想定外のことではないと思います。まさにこれは「色即是空」の解釈でています。このように、短いでです。塩官禅師のお教えは、「色即是空」そのものです。

「色即是空」ですから、色がそのままで空だ、ということです。それが『般若心経』の教えですから。そして、悟りとは何か。悟りとは、形があるままで形がないと分かることだ、ということです。ですからまさに、「色即是空、空即是色」ということを言ってくれているんです。色は形があるものでしょう。そうですよね。形あるものがそのままで空だとわかることが悟りだ、と塩官禅師はおっしゃっているんです。

そして形がないものを形があるものと思っている、これは色だけの世界です。本当は形がないんだ、本当のものは形がないんだ、ということです。それを形があると思っている、それが迷いだ。最初に言っておきますが、形のないもの、ここにこそ本当に私たちのいのちがあるんです。これは他人事じゃないんです。私に関係のない世界ではないんです。本当の本当の私の世界がここなんです。それを全然考えないで、形あるものの処に自分があると思っている。それが迷いだ。私たちはここに生きているこの身体を使って、空なる事実に頷ける。これが悟りだ、と言うんです。いかがでしょうか。

そのことを少しこれから話させていただきたいと思います。私たちは形あるものだけではない。形ないものまで私たちのいのちは届いている、包まれていると言います。それが「色即是空」です。色があるところに必ず空があるんだ、というのが「色即是空」です。

五戒の一番最初は不殺生戒です。生き物を殺してはいけないという不殺生戒なんですが、そこを達磨さんはどんなふうに言っているかと言いますと、「自性霊妙《じしょうれいみょう》」と言うんです。自性はまことに霊妙にできていて、「常住《じょうじゅう》の法に於いて断滅の見を生ぜざるを、不殺生戒と名づく」と、こう達磨さんは言っております。「常住の法に於いて」、「常住」と言うんです。法は常にあるんだ、というわけです。不殺生戒は、常住の法を断絶させない。それが達磨さんの言う不殺生戒です。一般の不殺生戒はともかく、達磨さんの不殺生戒はそう言うんです。

そうしますと、我々のいのちは色のところにあるんですけれども、どうでしょう。その色は常住ではありません。諸行無常にさらされているんです。私たちは諸行無常のまっただ中を生きているわけなんですから、決して常住ではないはずです。じゃあ、これはまたいったいどういうことなんだろう、とこうなりますよね。そこでやはり、どうしても空の登場を見なければならないわけです。

私たちがこの世に生まれて来ます。その時おそらく、一番最初に接したのは、具体的にはお母さんだと言いますけれども、じつは空なのではないかと思います。どうでしょうか。一番最初に私たちが肌で感じたのは、空なのではないかと思います。ところが、だんだん智恵がつきまして、それを限ってしまう。どうやって限ってしまうかと言うと、自分で限ってしまう。これが世界だ、と。目が見えるようになり、耳も聞こえるようになります。それで一つの世界を作っていきます。そうすると、それが自分の世界だ、と限ってしまうのではないでしょうか。最初生まれた時は、もしかしたら、もっと広い空の世界を感じてたのかもしれないですよね。

それをお釈迦様に託して言っているのが、あの「天上天下唯我独尊」ということだと思います。そんなばかなことはないですよね、生まれたばかりの赤ちゃんが「天上天下唯我独尊」なんて言うはずがありません。しかし、そう言わしめたもの、それはそういう気持ちなんじゃないかと思います。最初はみんなそうだった。みんな「天上天下唯我独尊」として生まれて来たんです。それからいろいろあります。環境も影響してきます。それでついつい自分を限ってしまう。そして、この色が自分だ、色で捉えられているところが自分だ、とこういうふうになってしまうのではないでしょうか。

だけどそうではないんだ、と言うんです、『般若心経』は。「色即是空」なんだと。その空まで見よ、と言うわけです。この自分という殻を破って、生まれた時に感じた、触れたであろう、その空に帰りなさい、と。それが「色即是空」だと思うんです。まさしく保福はそこを見たんだ、空に開かれたわけです。

ところが「可惜許《おしむべし》」です。長慶はそれでいいとは言わないんです。惜しい、と。百パーセントじゃない、ということなんでしょう。八十パーセントだ。じゃあ後の二十パーセントはどうか。それが「空即是色」ということなんです。この世が自分だけだったら、「色即是空」が分かった、それでいいかもしれない。唯我独尊でいいかもしれない。だけど私たちは世間に生きているわけです。大勢の人と関わりながら生きているわけです。特に子供の時などは、周りの人がいるからこそ生かされて成長していくわけです。やはりそういう、自分だけがいいというのではだめなんだ、ということでしょう。そこで、「色即是空」ときたら、すぐ「空即是色」と帰れ、とこういうわけです。

ただ、ここで帰って来る時に、いつも言うんですけれど、今度は空を頭に載せて帰ってきているわけです。単なる色は四大でできていると、よく仏教ではいいます。地、水、火、風の四つの元素、四大でできている。それがグーッと空に行きますと、空に開かれて五大になるんです。空が加わります。地、水、火、風に空が加わります。これがよくお墓に見られる五輪の塔です。一番上に宝珠があります。ここへ帰って来る時は五大になって帰って来るのです。

それで四大と五大を区別するために、単なる色を「有」と言いますが、五大で空を頭に載せた方を「妙有」と言います。「妙」というのは点数なんだといいます。「秀」という点数の一つ上の、もう点数が付けられないくらいの素晴らしい作品ができた時、「妙」という点数がもらえるそうです。これは芸術の世界の話ですね。その「妙」と通じる「妙有」です。もう何とも点数の付けようがない存在となって帰ってくるんです。

それが先ほどの「如来」とか「善逝」というような呼び方が生まれたもとなのではないかと思います。ですから、いつも仏様を見ていると、この空を感じさせてくれる。来る時だけではない。来る時も去る時も、お釈迦様の一生を見ると、空から生まれて来た方だなと実感させるような。それを「善逝」と呼んだのではないかと、こんな気もするんです。お釈迦様が行かれるところ、どこでも空の雰囲気が漂っている。いつもです。それが断絶しない、常住なんです。

ところが我々は、なかなか常住とはいきませんですよね。けれども、本当は常住なんだ。ただ、自分でそれを限ってしまうんだ、というのが達磨さんの見方なんだと思います。自分で自分の心によって限っているんだ。自分で限ってしまっているんだから、その垣根を取っ払って空に接しなければいけない。そういう生き方を不殺生戒というんだと思います。

五戒と言えば五つですが、達磨さんは十に分けて述べておられるんです。五つを十に分けているわけではないんですけれども、この「霊妙」な世界を十に分けています。そして、私たちの生まれたままの自性というものは、たいへん霊妙にできていて、その霊妙の一つとして常住ということを言うんです。自性の霊妙の一つとして常住ということを挙げています。そして、これを断滅するな、というわけです。「断」は断つです。「滅」は滅ぼすです。「断滅せざるを」、常住を断滅しないのを、つまりせっかく持って生まれたこの常住な世界を断滅しないことを「不殺生戒となす」、というんです。生き物を殺さない、という事だけでなく、常住という世界を、法を滅ぼさないのを不殺生戒だ、とこういうわけです。

妙峰頂となる

ここでもう少し言いたいことは、私たちは常住の世界を断滅させないためには、働かないといけないんです。こうなっている、と言って済ませてはいけない。そのままで任せられるのは、反対語の諸行無常です。これはぼやーっとして、ぼさーっとしていても、そうなのですから。この常住という世界は、ぼさーっとしていたら、打ち立てられないんじゃないでしょうか。だけど、打ち立てられるのは、もともとそうだからです。だけど、ぼさーっとしていたら、そのもともとが生きないんだと思うんです。そのもともとという世界を生むために、私たちが必死になって働いて初めて、常住という世界が保たれるんだと思います。このあたりの入り組みはどうでしょうか。

また、ここで言う常住は、色にも通じます。色が空と一つとなって、常住を作り上げていくんだと思います。ですから、単なる色だと常住にならないと思います。だけど、生み出すというところを思えば、単なる空でもだめなんです。そうすると、常住という世界を作り出すことができるのは、我々だ、ということになるんじゃないでしょうか。色である我々だ、と。身体を持っている我々だ、と。我々が常住の世界を作っていくかなめです。だから人を殺してはいけません、とこうなると思います。常住を作るのは我々人間だから。もっと広げれば生き物だから。だから、殺すということはいけませんよ、という教えが、大乗の不殺生戒なんです。いかがでしょうか。

こう言うと、偉い先生から、「空を常住としている」と批判されかねないのですが、それはその先生の捉え方が違うんです。色と空とが一つとなって常住を作り挙げた後には、単なる空もない、単なる色もない。お釈迦様は死後の世界があるかどうか、ノーコメント（無記）だったと伝え聞いております。だからそれはお釈迦様の関心事でなかったと思うんです。大事なことは、理論じゃないですよね。生きるということです。だから、生きるということから捉えられるところに、私は仏教の在り方を見るわけです。だから、理論としての仏教に私はあまり関心が持てないんです。その後でどうのこうのと言うのはどうでもいいことです。その代わり肝腎要のところは、ぜひともしっかり掴んでいただきたい。その外のことは人に任せておいていい、と私はそう思います。

「今日這の漢と共に山に遊ばば、箇の什麼をか図らん」ですが、ここは簡単に言ってしまうと、山登りを何だと思っているんだ、ということだと思います。このお二人は山に登りながら、「色即是空、空即是色」について話されているんですね。そのことに対して、山登りを何だと思っているんだ、と。普通は山登りでしないですよね。山登りは山登りですよね。上にあがって四方の眺めを見て、ああいいなあ、でいいじゃないかと。こんな難しい話に持っていって、何を言われるか分からん、ということじゃないでしょうか。何を聞かれるか分からん、と。ここは、原文が中国語ですので難しい訳になっていますけれども、意味を取ればこういうことになると思います。

ここはすごく難しい公案だと思います。しかし、これだけでもいいんですね。これ一つが分かってしまうと、後は全部分かってしまうという。

この公案に関して、漢文学者の読み方と禅者の読み方は違うんでしょうね、という話がありました。それに対して、それでは言葉というものの意味がなくなってしまうのではないか、という意見もありました。このことは、趙州和尚がいい例ですけど、言葉に使われないで言葉を使っていく生き方です。ですから、禅というのはそうだと思うんです。言葉に使われないで言葉を使っていくということだと思います。

結局、「妙峰頂」ということに関しまして、「妙峰頂」とはどこか、といいますと、徳雲比丘がおられるところはどこでも妙峰頂だ、ということになるんです。この解釈はちょっと面白いと思います。「山」を探すんではなくて、「人」を探すんです。ですから、皆さんもぜひそうなってほしいと思います。「妙峰頂」になっていただきたい。「妙峰頂」なんですから、「妙峰頂」となってここにいる、と。「妙峰頂」がここにいる、とこういう形で、常住という大事な世界を断滅しない。

これを断滅しないためには、私たちの色がどうしたって必要なんです。それが歴史ということだと思います。歴史を作るということ。常住を作るということです。でも我々の色はいつまでももちませんから、やがてなくなるでしょうけれども、生きている限りは、何としても断滅しないで生き通したい。こういう願いを、願を、ぜひ持って生きていただきたい、そう思います。

それでは最後に頌を見てみます。「妙峰孤頂《みょうぶこちょう》、草離離《くさりり》たり」。この「離離たり」が問題なんです。今これは「美しい」という意味だと言われているんです。語学の先生方がそうおっしゃっています。昔はそうではなくて、草がぼうぼうである、と取っていたんです。今はもう荒れ野にはとれなくなっています。そういう形で、だいぶ変わって来てはいるんですけれども、この「妙峰孤頂」の素晴らしい景色、それを「拈得《ねんとく》して分明《ふんみょう》に誰にか付与《あた》えん」。つかみ取って、美しいままにはっきりと、誰に与えようというのか、と。「是れ孫公の端的《たんてき》を辨《べん》ずるにあらずんば」。それがわかっているのがこの孫公の端的だ、というんですね。「可惜許」といったところだ、というんですね。ただ単に景色に見とれているだけだったら、「草離離たり」で終わってしまう。それをこえたもう一つの大事、「別峰相見」の大事を誰が辨じてくれよう。

もし「孫公の端的を辨ずるにあらずんば、髑髏の地に著《つ》くを幾人《いくひと》か知らん」。もう世界中が髑髏ばかりになってしまう、と言うんです。いや、人間は生きていながら、髑髏だ、ということでしょうね。そういう言い方をされているわけです。この麗しき景色を、いったい誰に知ってもらえようか、と。

だから、ただ素晴らしいだけじゃだめだ、というんです。それを伝えるために働かなきゃならん、と。私たちも、常住という世界があると知ったならば、それに向かって常住を絶やさないように、働かなきゃならないんです。これはたいへんなことです。常住だよ、といって済ませる問題じゃないんです。それに向かって邁進しなきゃならないわけです。

ですから、戯れ歌にもあります。「釈迦といういたずら者が世に出でて多くの者を迷わするかな」とありますよね。それは、常住という世界に向かって、常住という世界を絶やさないように働かなきゃいかん、というこの働きです。これはたいへんなことです。お釈迦様が、そういうことを多くの者にさせている。そこを、「多くの者を迷わせるかな」と言っています。そんな言い方でお釈迦様に感謝しているわけです。お釈迦様、おかげさまでそういう大事に気が付きました。たいへんですけれども、しんどいですけれども、できるだけのことはやらせていただきます、という、そういう世界です。そういう世界をこのように詠まれたんだと思います。

でなければ、人間の形をとったまま、自分の楽しみだけに時を過ごして、それだけだったら髑髏と同じじゃないか、と。「髑髏の地に著くを幾人か知らん」というふうに野次っているんだと思います。

潙山身を放って臥す――第二四則「劉鉄磨台山」

【垂示】垂示《すいじ》に云《いわ》く、高高《こうこう》たる峰頂《ほうちょう》に立《た》てば、魔外《まげ》も能《よ》く知《し》ること莫《な》し。深深《じんじん》たる海底《かいてい》に行《ゆ》けば、仏眼《ぶつげん》も覷《み》れども見《み》えず。直饒《たとい》眼《め》は流星《りゅうせい》の似《ごと》く、機《き》は掣電《せいでん》の如《ごと》くなるも、未《いま》だ免《まぬが》れず霊亀《れいき》尾《お》を曳《ひ》くことを。這裏《ここ》に到《いた》って、合《まさ》に作麼生《そもさん》なるべき。試《こころ》みに挙《こ》し看《み》ん。

【本則】挙《こ》す。劉鉄磨《りゅうてつま》、潙山《いさん》に到《いた》る。山云《さんいわ》く、「老《ろう》牸牛《じぎゅう》、汝来《なんじき》たれり」。磨云《まいわ》く、「来日《あす》、台山《たいさん》に大会斎《だいえさい》あり、和尚《おしょう》還《は》た去《ゆ》くや」。潙山身《いさんみ》を放《はな》って臥《ふ》す。磨便《ますなわ》ち出《い》で去《さ》る。

【頌】曾《かつ》て鉄馬《てつま》に騎《の》って重城《じゅうじょう》に入《い》るも、勅下《ちょくくだ》って伝聞《でんもん》し六国清《りっこくきょ》し。猶《な》お金鞭《きんべん》を握《にぎ》って帰《き》客《きゃく》に問《と》う、夜深《よふ》けて誰《だれ》と共《とも》に御街《ぎょがい》を行《ゆ》かん、と。

「霊亀、尾を曳くことを」

垂示から見てみます。先ず問題点がどこにあるかを探ってみたいと思います。「高高《こうこう》たる峰頂《ほうちょう》に立てば」。「高高たる」ですから、高い峰の頂きに立っている、そんな人を、ということなんでしょう。「魔外《まげ》も能《よ》く知ること莫《な》し」。漢文は日本語に訳すとき難しいですね。天魔外道も、その高高たる峰頂に立っているお人を「能く」、しっかりと「知ること莫し」、確かめることができない。あまりにも高すぎて、ということでしょう。

「深深《じんじん》たる海底に行けば」。そのお人が、深い深い海の底に下りていくと、「仏眼も」。今度は仏様が出てまいりました。仏様の眼ですら、探し出そうとして見据えるんだけれども、見出すことができないと。「直饒《たとい》眼は流星の似《ごと》く、機は掣電《せいでん》の如《ごと》くなるも」。ここは、例えばそのお方の眼が、流れ星に似て、というんです。流れ星ですから、さーっと宇宙を横切ります。その短い時間、瞬間と言ってもいいほどの短い時間に、全宇宙の全てを見取ってしまうような眼を持っている。あるいは、「機」は。そのお方の働きはどうかといいますと、「掣電」、雷、稲光を引っ捕らえてしまうような、そういうような、何とも言えない素晴らしい働きを示しても、ということだと思うんです。

「未だ免れず霊亀尾《れいきお》を曳《ひ》くことを」。まだだめだと言うんです、「未だ免れず」ですから。何がかといいますと、「霊亀」、本当に利口な亀が、産卵期に海から上がって来まして、砂地に穴を掘って、その中に生むわけです。そして、卵がかえるまでその卵を守るために、尾で砂をかけるようです。そして海へ帰って行くんですね。その時に、自分の尾の跡を残していく、という例えですね。「霊亀尾を曳くことを」。やはり見つかってしまう。尾の跡がありますから、それをたどって、敏い獣がそれを掘り出して卵を食べてしまう、ということです。そういうことを、「未だ免れず」。ですから、「直饒眼は流星の似く、機は掣電の如く」であってもまだだめだ、と言うんです。まだだめだ、というのはどういうことなんでしょうか。

「這裏《ここ》に到《いた》って、合《まさ》に作麼生《そもさん》なるべき」。それじゃあ、どんなのがいいのか、です。「霊亀尾を曳く」以上の働きとは、いったいどんなところを言うのか。「合に作麼生」。ここに一つのいい例があるから、「試みに挙し看ん」。挙げてみるから、よく見てほしいと。おおよそこういうイントロダクションだと思います。

「台山に大会斎あり」――潙山と劉鉄磨の問答

そこで、本則に入ってみます。「挙《こ》す。劉鉄磨《りゅうてつま》」。劉鉄磨という方は尼さんです。「鉄磨」、鉄の臼と書いてありますが、もう男の僧がたじたじとしてしまうような、すごい豪傑です。そして、この劉鉄磨という方は潙山《いさん》のお弟子さんなんです。その弟子である劉鉄磨が、「潙山に到《いた》る」。師匠を訪ねまして、潙山の道場に着いたと。

そこで、ちょっと頌を見てください。どう雪竇さんが見ているかといいますと、この頌の起句ですね、第一行目です。「曾《かっ》て鉄馬《てつま》に騎《の》って重城《じゅうじょう》に入《い》る」と言っております。鉄の馬、鉄磨ですから、こう表現したんでしょうけれども、鉄の馬にまたがってですから、鎧兜に身をかためて、という感じです。「重城に入る」。幾重にも囲って本城を守っているお城に入っていった、ということですから、これは真剣勝負を望んで、お師匠の潙山に会いに来た、とこういう感じです。劉鉄磨は、真剣勝負をするつもりで潙山を訪ねて行ったんだ、とこういうふうに雪竇さんは見ているわけです。

そうしますと、「山云《いわ》く」。潙山が一言、言うわけです。「老牸牛《ろうじぎゅう》」と。この一言で、もう闘う意欲がそがれてしまった、というふうに雪竇さんは見ています。そこが、「勅下《くだ》って伝聞《でんもん》し六国清《りっこくきよ》し」と承けているところです。天子の勅が下って、それが人々にまで伝わって、天子のお気持ちが下の下まで伝わって、「六国清し」。六国というのは、春秋時代の六国だ、ということです。六つの国が「清し」。「清し」というのは、もう戦争状態ではなくなった、ということでしょう。

「老牸牛」。「老」というのはいろいろな意味があります。尊敬の意味を表す場合もあるわけです。「牸」というのは、雌の牛だそうです。ですから、「老牸牛」は何と訳したらいいのでしょうか。婆さん、ということでしょうか。ですから、「やあ、婆さん来たか」と。潙山の方には、闘う意志が全くないわけでしょう。そうするとそれが、「伝聞し」ですから、伝わったのでしょうね。もう真剣勝負しようなんていう気持ちは、劉鉄磨にもなくなった。

そこで、「磨云く」。鉄磨が言うわけです。「来日《あす》」、明日、「台山《たいさん》に」、五台山です。五台山に、「大会斎《だいえさい》あり」。大会があって、その後にお斎が配られる、と。「和尚、還た去《ゆ》くや」。和尚さん、行きますか、と。気勢を削がれまして、このような発言をしたんだ、と言うんです。これは真剣勝負なのか真剣勝負ではないのか分からないような言葉です。この問答がありました潙山から五台山までは、相当な道のりなんだそうです。神戸から東京までの十倍くらいの距離があるらしいです。それを明日ですから、新幹線もなかった時代ですから行けるはずないですよね。とうてい行けるはずがないところの大会斎をあげまして、そして和尚さんは行きますか、と問うたのです。だから、これは真剣勝負だと言えば言えないことはないですよね。しかし、だいぶやんわりとした形で問うているわけです。

そこまでを雪竇さんは、「猶《な》お金鞭《きんべん》を握《にぎ》って帰客《ききゃく》に問う」と詠っているんです。「猶お」です。真剣勝負のごとく金の鞭ですね、指揮棒を振り上げ、「猶お帰客に問う」というわけです。「帰客」というのは、戦争に出ていって、六国を平らげて帰って来た兵隊さんたちです。今度は潙山に問うのではなくて、潙山の周りの人たちに問いかけた、「人を殺さば血を見るべし」と言います。

そうしますと最後に、潙山は「身を放《はな》って臥《ふ》す」。ごろんとそこに横になった。そうしますと何を思ったか、劉鉄磨も、「便《すなわ》ち」、さっと、すぐさま、という感じです。横になったのを見たら、さっと潙山の山をおりていった。こういうことです。そこのところを雪竇さんは、「夜深《ふ》けて誰と共に御街《ぎょがい》を行かん」と、こう頌しているわけなんです。そうしますと問題は、「潙山身を放って臥す」というところにありそうですね。これはどんなお気持ちなんでしょうか。

「時」の中で生きる

「直饒眼は流星の似く、機は掣電の如くなるも」。後の時代の圜悟禅師がこう取り上げているわけです。しかし、「未だ免れず霊亀尾を曳くことを」。しかし、私たちにとっては、まことに素晴らしい働きであると思いますが、それすら霊亀が尾を曳いているぞ、と。それ以上の働き、それがあるか。あったとしたらどんな働きか、という垂示をしておられます。それこそが、どうも読んで見ますと、「潙山身を放って臥す」というところにあるようです。そしてまた同時にそれが、「磨便ち出で去る」、ここにも働いていると思います。この二人の動き、ここが霊亀尾を曳かざる底の働きなんだと言えると思いますが、いかがでしょうか。いろいろな見方が成り立つと思いますが、一つの見方を申してみたわけです。

禅寺では、木板を叩いて時を告げます。どうしてもせっかちになるんですかね。「機掣電の如く」と思っておりますから、五分前に叩いたりします。時というものはどういうものなんでしょうか。鈴木大拙先生という素晴らしい方は、九十五歳まで生きられたお方なんですけれども、その方がアメリカで講演しました時に言ったそうです。「これから時間と空間を超えたお話をします」と。ある意味で禅の話はそれに尽きると思うんです。時間と空間を超えたお話なんです。それが禅の話です。

ですから、「眼は流星の似く、機は掣電の如」しなんて言うと、格好いいな、ということになります。それこそが禅だ、ということになるわけです。だけれども、圜悟禅師はそれでもまだだめだ、と言っているわけです。霊亀はまだ尾を曳いているぞ、と言うわけです。そうすると、本当の禅の話というのはどういうことなんでしょうか。これこそ禅だ、という話はどこにあるんでしょうか。

いつもいう話なんですけれども、「色」と「空」の話です。『般若心経』の「色即是空、空即是色」の話です。色と空とは、「即」と言うんですから、本来は全ては重なっているんですね。しかし、分かりやすく話しますと、「色即是空」とは、即ちですから、少なくとも直線、これが最短コースなんですが、なかなかそうはいかないのが、私たちの現実で、道場の現実でもあります。修行の現実でもあります。どうしても遠回りするわけです。スパッといかない。本来、重なっているのですから、それすら本当ではないんでしょうけれど、遠回りして行くわけです。遠くへ行って、近づいたと思うと、また遠くへ行って、このようにしながらも、ようやく空に達する、と。それを最大公約で均《なら》すと、半円ができると思います。

そして、空に行って、ああ、よかった、と思うと、すぐ「空即是色」と、また帰れ、と言われて、またこう揺れながら揺れながら、ぶれながら色に帰って行く。こういうことだと思います。それでこの色というのは、形あるもの、ということですから、私たちです。私たち一人一人だと思うんです。私たちの身体は形がありますから。そこで、これを自己としてみます。すると、「色即是空、空即是色」ということは、自己が空になり、空が自己になるという、こういう一回りです。

中国では「無」と言いました。この無を使いますと、自己が無となり、無が自己になる、という、そういう一回転が、この「色即是空、空即是色」ということであると。これが大切だと『般若心経』は示してくれているわけです。ここだぞ、と。肝腎要のところはここだぞ、と。この『碧巌録』の圜悟さんの下語でいいますと、「点」とあります。一点、点をつけるわけです。『般若心経』はここが大事だぞ、と言っているんだと思います。「色即是空、空即是色」、ここが大事だぞ、と、ここに眼を付けろ、と言ってくれています。そういうのを「点」と言います。ここに点を付けるんです。

そうしますと、どうでしょう。本当は「即」ということは重なっているんだ、と申しましたけれども、こういうふうにしますと、何と言っても時間が必要になりますよね。そう感じませんでしょうか。中国語の「即」でしたらそれで終わり、と言えるかもしれませんけれども、自己が先ず空にならなければならない。それだけでもだめだ、と言うんです。

それで、空になった自分を、また形あるところの自己にまで持ってこなければいけない。そこを、中村元先生は非常に苦労されて訳されています。

しかしそうすると、時間というものが非常に大切になって来ますよね。時間を超えた、と言っていないで、時間の中で、時があるからこそ、自己が空になることができ、また空が自己に帰ることができる。こういうふうになりませんでしょうか。ですから、時間を超えた、とは言っていますけれども、時間を無にしたとは言っていないんだと思います。時間は大切なんです。時間があるからこそ、私たちは空が開け、そして空からまた自己に戻って来る。これには時間が必要ですよね。

ですから、時間にもいろいろな時の流れというのがあると思うんです。一般に言われるのが、平等だと。時間は平等だ、という考え方です。それはやはり、時計で計ることのできる時間だと思います。これは確かに平等だと思います。ところが私たちは、何かの拍子に、あっという間に時間が過ぎた、という時もありますよね。その反対に、遅々として時が進んでくれない、と。坐禅なんかそうですよね。勘であと十分だ、と思いますけれど、何とその十分の長いことか、と悲鳴を挙げたくなる時がありますよね。そういうふうに、どうも、必ずしも時計が刻むように時が進んでくれない場合があります。両方とも本当なんだと思います。

そこで、例えばここでは、「眼は流星の似く、機は掣電の如く」という言葉がありますが、こんなのはあっという間の出来事です。瞬間だと思います。しかし、その瞬間に、あっという間の瞬間に、流星は大地を横切っていくわけです。そういう、本当にある意味で舌を巻くような時の流れがあると同時に、例えば「白雲悠々」という言葉がありますが、白雲が悠々と去っていく。また、「春風のどかなり」とか言いますよね。非常にゆったりとした時の流れを感じさせるような言葉もあるわけです。これはまたどちらも本当だと思います。

そうすると、もう一つ思わなければならないことは、その時の自分のありようだと思うんです。自分のありようが関わってくるのではないかと。たんなる客観世界の出来事ではないと思うんです。自分の気持ちのありようが重なって、ある時は「白雲悠々」と見たり、ある時は「閃電光」という言葉もありますが、ここで言う「眼は流星の似く、機は掣電の如く」という世界が生まれてくる。それが時の流れというものになっていくと思うんです。いかがでありましょうか。

「潙山身を放って臥す」

そうすると、潙山の道場から五台山までには、ざっと言いますと、昔のことですから十日くらいかかる。もっとかかるかもしれませんけれども。往復一カ月くらいかかる、というような、ものすごい距離でもあるんですけれども、時の場合と比較してどのようなことが言えるか、というようなことも生まれてくると思います。

潙山はここでは、「身を放って臥す」といっています。潙山はどんな気持ちでこうしたんでしょうか。これはどうでしょうか。問いに答えたわけであります。その問いは、明日五台山で大会斎があります、和尚さん、行かれますか、という問いです。こう弟子が問うたのに対して、ごろりと横になった、と。これはどんな気持ちなんでしょうね。

こういうのも面白いですよね。単に横になるだけですけれども、これもいろんな意味があり得ますよね。これは私たちが日常やっていることです。どんな時に横になりますでしょうか。考えてみますと、いろんな場合がありますよね。だから、答えは一つだ、なんて言えません。いろんなことが言えるわけですが、そうしたら、どういうふうに考えたら面白いかな、ということにもなります。どんなふうに取ったら、ちょっとは面白くなりますでしょうか。

潙山がこういう行為をした時に、一番鍵を握っているのは、「色即是空、空即是色」の際のブレだと思います。潙山がどういうブレをやって来たか、ということにかかっていると思います。ですから、ある意味で一番大事なのは、このブレだ、ということになります。

一つの解釈をしてみますと、ごろっと横になったのは、もう腹一杯食べた、ということではないでしょうか。ですから、遠いところにあるそこへ行って、もう食べてきた、腹一杯食べてきた、ということではないでしょうか。そういうふうに取れませんでしょうか。そうしますと、「磨便ち出で去る」。劉鉄磨も、そこは師弟ですから、よく承知していて、もう行く必要がなくなったわけですから、じゃあ私も帰ります、といって出ていったわけです。

しかしこれは、単なる食事の話ではないと思います。第三則の「馬大師不安」のところにありましたが、「二十年来曾《かつ》て苦辛《くしん》し、君が為に幾《いくたび》か蒼龍《そうりゅう》の窟《くつ》に下る。屈。述《の》ぶるに堪《た》えんや」と、こういう雪竇さんの頌がありました。「二十年来」です。二十年間自分は、「苦辛」、苦しみと辛抱をし通しだった、ということです。若い頃、ということでしょうか。「君が為に幾か蒼龍の窟に下る」。蒼龍、海千山千と言われる獰猛な龍の顎に、宝珠が埋め込まれている。その宝珠を取ろうとして、というのが「君が為に」です。その宝珠を求めて、蒼龍の窟に何度下ったことだろう、と。

そうしまして、「屈」と。これはうめき声を発したような感じの言葉です。「屈。述ぶるに堪えんや」と。述べることができようか、という反語だと思います。その苦しみ、辛さは、今思い出しても、つらい、思い出したくもないわい、こういうようなことだと思います。ですから、これは五台山へ行っているんだと思います。行って、大会に出て、そしてご馳走になってもう帰って来ているぞ、というそれくらいのことだと思います。そしてもう満腹じゃ、休むぞ、と。長い道のりを往復したんですからね。

そんなことを言えるのも、この修行の力です。このブレの力だと思います。本当にそう思います。あっさり見性してしまって、空は分かった、と言うんだったら、こういうことは言えないと思います。本当に苦労に苦労を重ねて、もう苦労は十分だというくらいの、苦修ということがあって、そのうえで潙山のこういう姿が、一幅の絵になるわけです。なるほど、と納得させてくれるんだと思います。

私たちはこうは言えません。それほどの修行をやっていません。ですから、その「述ぶるに堪えんや」の前に、「五帝三皇、是れ何物ぞ」と出て来ます。例え五帝三皇の勅が下ったって、そんなものは関係ない、と言い切れるのも、この苦辛の力です。そう思うのです。

ですから、鈴木大拙先生が言っております。「ここにいながら」、ここを離れないで、「儂は世界中を駆け巡っているんだ」、という言葉がありました。ここにいながら、微動だにしないで、この円相のあらゆるところを駆け巡っている、とこういうことになります。そういう言葉もあります。ですから、そこを離れないで、潙山の道場を離れないで、はるかかなたの五台山まで行ってご馳走になって、ご馳走を振る舞われて帰って来た、こう言える。それが、「霊亀尾を曳く」に勝るような働きだと思うんです。

そしてこういう話を、奇想天外な話だと見ないで、真にそうだと頷けるのは、これは修行の力しかないと思います。頭じゃそうはいきません。何をばかなことを、と言うわけです。だけど、本当に苦しんだことのある人は、潙山のこの、ごろっと横になった働きが分かります。お斎に呼ばれただけじゃありません。もう十分自分は苦しみ尽くした、今更お前は苦しんで来いと言うのか、ということです。また、もう行ってきて十分食べたわい、極楽極楽、とばかりに、そこですっと横になってしまった、ということです。

そうすると、それをよく承知して、そういう腹を読んで、鉄磨もさっさと、そういうことでしたらごゆっくり、と出ていったと言えるのではないかと思います。これは一つの答えです。いろいろ答えはあると思います。

そうしますと、頌に返りまして、後半ですが、「猶お金鞭を握って帰客に問う」。この「帰客」というのは、潙山その人です。「金鞭」。振り上げた指揮棒の降ろしようがなくて、潙山に問う。それがどう問うたかと言うと、「来日、台山に大会斎あり、和尚還た去くや」という形で問うた、ということだと思います。

そして最後は、「夜深けて誰と共に御街《ぎょがい》を行かん」。夜が更けた、真っ暗になった、ということです。真っ暗ということは、平等の合い言葉です。私とあなたの区別が付かなくなるわけです。潙山は身を放ってそこに横たわりました。そして劉鉄磨は独り寂しく帰りました。寂しくと敢えて言いましたけれど、ところがそうじゃないんだ、ということでしょうね。寂しくなんかないんだ、とこういうわけです。それぞれ独りぼっちだけれど、独りぼっちの行動だけど、寂しい行動じゃない、とこういうわけでしょうね。天子のおなり道を満喫しながら帰途につく、賑やかな行動なんだ、と。

「夜深けて誰と共に御街を行かん」。「御街」というのは、天子が通る道だそうです。ですから一番いい道なんだと思います。そういう一番いい通りを、「誰と共に行かん」。劉鉄磨は帰ることになったわけですが、もしかすると潙山と一緒に五台山へ行くことになったかもしれないことと較べたら、眼に見えるところでは非常に寂しい感じですが、そうじゃない、と言うんですね。本当に、師匠は師匠として、弟子は弟子として独立した、という形だと思います。寂しいんじゃない、独り立ちしたんだ、と。そういう独立した、独立独歩といいますか、そういう歩みはいったい誰と共にか。

そうするとこう言いたくなります。それは空と共にだ、と言いたくなります。空があることによって、空が一緒に動いていることによって、です。我々は色なんですけれども、その色と空が一緒に動いていることによって、ただ単に、寂しい、うらびれた形ではなくて、形はうらびれているかもしれないけれど、非常に充実した歩み、一歩一歩がそこに歩まれている。こういうことではありませんでしょうか。

ですから、この最後の末尾の「と」というのは必要ないと思います。ない方がいいですよね。「猶お金鞭を握って帰客に問う」。これは劉鉄磨の質問を雪竇がとらえているんです。そして、「夜深けて誰と共に御街を行かん」というのは、それとはまた別調ですよね。別調で雪竇さんが詠み込んだところですから、「と」がない方が私はすっきりすると思うのです。

私たちが生きる、というのは時間があるおかげです。時間があるから、生きるということが成り立つわけです。その時間をどういう時間として私たち一人一人がとらえているか、相い対しているか、いろんな場面があるわけです。一つじゃありません。いろんな場合があるわけです。その時その時で対し方も違ってくるわけです。ともかく、時間があることによって私たちは生きて、それが歴史を作ってきているんだと思います。

そうしますと、最後にちょっと言いたくなることがあるんです。大拙先生ご自身は妙有のところにいながら世界中を駆け巡っている、どこへでも飛んでいける、と非常に錬れたご心境です。ですけど、私たちはなかなかそうはいかないんですよね。そうするとやはり、先ず空になって、ということが大事なんだと思うんです。

空になって、というのは「五蘊皆空《ごうんかいくう》」と言います。その「五蘊」というのは、色、受、想、行、識なんでしょうけれども、それらが空ということです。我々の元素のことを四大と言います。地、水、火、風です。地、水、火、風の四つが、ここで空になります。空に出会います。そうしますと、「五蘊皆空」になるということです。

地、水、火、風が空と一つとなって、そしてここへ帰ってくるわけです。ここへ帰ってきているということは、五つになっているというよりも、一つとなっていることです。ある時は何もない。ある時はぱっと開けて地、水、火、風と、空も入れてもいいと思うんですけれど。そういうところを、何とか皆さんに伝えようとして、『般若心経』の訳を中村先生は苦労されているんだと思います。そういうことを思うわけです。

今の自分を肯定してしまうというのも、鈴木先生のようになれば、言うことはないんですけれども、先ず我々は自分を否定して空に開かれて、そしてそれからだ、と思わなければ、危ないぞ、という気がいたします。

機、位を離れざれば——第二五則「蓮華庵主不住」

【垂示】垂示《すいじ》に云《いわ》く、機《き》、位《くらい》を離《はな》れざれば、毒海《どっかい》に堕在《お》つ。語《ご》、群《ぐん》を驚《おどろ》かさずんば、流俗《るぞく》に陥《おちい》る。勿若《もし》撃石火裏《げきせっかり》に緇素《しそ》を別《わか》ち、閃電光中《せんでんこうちゅう》に殺活《せっかつ》を辨《べん》ぜば、以《もっ》て十方《じっぽう》を坐断《ざだん》して、壁立千仞《へきりゅうせんじん》なるべし。還《は》た恁麼《いんも》の時節《じせつ》有《あ》ることを知《し》るや。試《こころ》みに挙《こ》し看《み》ん。

【本則】挙《こ》す。蓮華峰庵主《れんげほうあんじゅ》、拄杖《しゅじょう》を拈《ねん》じて衆《しゅう》に示《しめ》して云《いわ》く、「古人這裏《こじんここ》に到《いた》って、為什麼《なにゆえ》にか住《じゅう》することを肯《がえん》ぜざる」。衆《しゅう》、無語《むご》。自《みずか》ら代《かわ》って云《いわ》く、「他《かれ》の途路《とろ》に力《ちから》を得《え》ざりしが為《ため》なり」。復《ま》た云《いわ》く、「畢竟如何《ひっきょういかん》」。又《ま》た自《みずか》ら代《かわ》って云《いわ》く、「楖標横《しつりつよこ》に担《にな》って人《ひと》を顧《かえり》みず、直《じき》に千峰万峰《せんぽうばんぽう》に入《い》り去《さ》る」。

【頌】眼裏《めのなか》の塵沙《ちり》、耳裏《みみあな》の土《つち》、千峰万峰《せんぽうばんぽう》住《じゅう》することを肯《がえん》ぜず。落花流水《らっかりゅうすい》太《はなは》だ茫茫《ぼうぼう》たり、眉毛《びもう》を剔起《てっき》して何処《いずこ》にか去《ゆ》く。

「機、位を離れざれば」

今回の則は、今まで学んできました「法理」、法の道理と言いますか、理屈と言いますか、法の理論と言いますか、それを整理するのにはいい則だと思いますので、そのことを念頭に置いて話すことができたら、と思っております。

「榔標《しつりつ》」という語が出て来ますが、これは拄杖《しゅじょう》のことで、行脚する時について歩く長い杖のことです。木偏《きへん》がついていますので、山から取り立ての杖、という感じでしょうか。山でそのまま杖にできるような枝振りを探すわけです。それで切ってきます。ほとんどそのまま使うもので、それを「榔標」といいます。

「垂示に云く、機《き》、位《くらい》を離《はな》れざれば、毒海《どっかい》に堕在《お》つ」という出だしで始まっております。「機」というのは何度も出て来ましたね。まだ表に現れない私たちの働き。いうなれば、心の働きということです。表に出るまでの心の働きです。ですから、いろいろ思い巡らすことは、機に入るんだと思います。

「位を離れざれば」と「位」と出て来ました。私たちが学ぶのは仏教ですので、「位」ということで一番最初に思いつくことは、我々凡夫と仏ということだと思います。そのことを経典は、「生仏《しょうぶつ》」というふうに表現しております。「生」が我々です。「衆生本来仏なり」の衆生の「生」です。衆生と仏祖方。生と仏の二位で表現しております。衆生と呼ばれる人たちがおり、一方で仏と呼ばれる人たちがいるということです。無数に位があるわけではありますが、二つに分ければ「生仏」ということだと思います。

その私たちの心の働きが「位を離れざれば」。どういうことかと言いますと、結論を先に言ってしまいますと、もう自分は衆生でいいんだ、何も堅苦しい仏さんになんてなる必要は全くない、衆生で行かせていただきます、ということです。これが「位を離れざれば」ということです。

例えば、仏になった人、心の眼を開いた人が、またそこに安住してしまう、尻を下ろしてしまう、俺は仏だ、もう衆生ではない、なんて思ったら、それが「機、位を離れざれば、毒海に堕在つ」ということだと思います。毒の充ち満ちた海に落っこちるぞ、と言っています。生きた死人だぞ、ということだと思います。

そして、「語《ご》、群《ぐん》を驚かさずんば、流俗《るぞく》に陥《おちい》る」。ある意味で非常に厳しいところを出しています。語る言葉が、「群を驚かさずんば」、人々を驚かさないような、何だそんなの当たり前だ、と言われるようでは「流俗に陥る」。「流俗」というのは世間並みの流れ、ということだと思います。それに陥る、というのです。

ですから、ここで主張していますことは、「機」、私たちの心の動き、外に現れていませんから、分かっているのは本人だけの心の働きが、位を離れないとしたらだめだぞ、位に安住し、腰を据えてしまってはだめだぞ、ということ。それと、「語」というのは外へ出た場合のことですよね、外に出た言葉が、聞いた人々を驚かさないようであれば、これまた世間並みのことだぞ、と。いわゆる、仏法を学んでいると言わせんぞ、ということだと思います。

「勿若《もし》撃石火裏《げきせっかり》に緇素《しそ》を別《わか》ち」。「撃石火裏」ですから、石と石とを打ち付けて瞬間的にパッと火が出ます。そしてすぐまたパッと消えるわけです。そのほんのわずかな瞬間に黒白を別つ。見て取るわけです。「閃電光中《せんでんこうちゅう》」、これもあっという間です。稲光がぴかりと空をよぎります。その中に「殺活《せっかつ》を辨《べん》ぜば」。これは否定すべきだ、これは肯定すべきだ、というその判断ができないようでは、ということです。「殺活を辨ぜば」ですから、判断ができるんですね。ほんの瞬間で相手のありようを見て取れる。この人は死んでいるか、この人は生きているか、そのことが見て取れる。

そのようになれば、「以《もっ》て十方《じっぽう》を坐断《ざだん》して、壁立千仞《へきりゅうせんじん》なるべし」。「坐」というのは今は「いながらに」と訳していますが、いながらに十方を截断して、切り裂いて、断崖絶壁にしてしまう、というんです。「壁立千仞なるべし」。もうそのような人には、近寄ることもできない、と言っております。

「還《は》た恁麼《いんも》の時節《じせつ》有ることを知るや」。ところで、そのような「時節」、時が「有ることを知るや」、今までにあったことを知っているか。「試《こころ》みに挙《こ》し看《み》ん」。そのいい例を、十方を坐断して壁立千仞なるいい例を、これから挙げるから、よく見てほしい、という形で、圜悟禅師は本則へ導いてくれているわけです。

「悟り」の位とは

そこで本則に入ります。「挙《こ》す。蓮華峰庵主《れんげほうあんじゅ》」。今は、「庵主」さんと言うと、尼僧の方がよくこの語で呼ばれるんですが、この「蓮華峰庵主」というのは男性です。この方は、あの有名な雲門禅師のお弟子さんのお弟子さん、いわゆる孫弟子です。いちおう修行が終わりまして、寺に出ないで、小さな庵で世を送っている、そういうお方を「庵主」と昔は呼んだようです。そういう小さな庵に住したお方なんですけれど、蓮華峰庵主は、今にお名前が伝わっているわけです。

この蓮華峰庵主が、「拄杖《しゅじょう》を拈《ねん》じて衆《しゅう》に示して云《いわ》く」。拄杖ですから、木の杖です。「古《こ》人《じん》這裏《ここ》に到《いた》って、為什麼《なにゆえ》にか住《じゅう》することを肯《がえん》ぜざる」。これでは分からないと思うのですが、拄杖というのが、昔行脚の時に使った杖で、これがお悟りを意味する、表すわけです。ですから、「拄杖を拈じて」、手に持ち上げて、と言っておりますから、「這裏」というのは拄杖であり、悟りです。古人が、「這裏に到って、為什麼にか住することを肯ぜざる」。どうして、せっかく開いたお悟りなのに、ここに住んでいないのか。ここに腰をどっしりと落ち着けて、座り込んでいないのか。「住することを肯ぜざる」ですから、否定するわけです。これはどういうことか、と言っております。

そこで、悟りということをどういうところへ置くかということも、一つの問題となります。『般若心経』で「色即是空、空即是色」と言いますけれども、いちおう「空」というところに置いておいてください。お悟りの位、位置を「空」だと思っておいてください。

一番大事なものは何か、ということに対して、「自分だ」という答えを、お釈迦さまも否定しませんでした。お釈迦さまは対機説法の達人なので、否定しないんです。そういう考えを持っている方に、いちおうそれを肯定しておいて、そこでこうだ、というように話されます。これは本当に素晴らしい説き方だと思います。

しかし、禅のほうは目茶苦茶なんです。その大事なものを「色身」とも言いますね。その「色身」を空じろ、というわけです。色身を色身のままで肯定しないんです。その色身を捨てなさい。そして、空という世界に出なさい、と。それを悟りと言う、というふうに押さえておいてもらいたいと思います。この色身のままじゃだめだ、と言うんです。「色即是空」という、その空です。色は形あるものです。それを形なきものにしなさい、と目茶苦茶なことを言うんです、言葉の上では。

それで、せっかく大事な大事な我が身を殺し尽くして空に到ったのに、どうしてその空という場所に「住することを肯ぜざる」と、ここに腰をしっかりと下ろして生きていかないのかと、こういうことを言うわけです。そう言われても、お弟子さんたちの中では「無語《むご》」と、誰一人返事をするものがいなかった。

そこで、「自ら代《かわ》って云く」。何遍もこういう話を小庵、つまり蓮華峰庵主を訪ねる僧に問いかけたそうですが、誰も答えないので、とうとうある時、自ら語ったというのです。「他《かれ》の途路《とろ》に力を得ざりしが為なり」。「他」というのは拄杖でしょうね。面白いですよね。「途路」というのは途中です。道中です。「力を得ざりしが為なり」。力を得ないからだ。そんなことはないですよね。拄杖があるから行脚ができるんです。ところが、ここでは逆のことを言っています。その拄杖が、行脚するのに「力を得ざりしが為なり」と、こう言っています。

禅はこういう言い方を好みます。というのは、何とか位を離れてもらいたい、という思いがあります。いわゆる、常識と言いますか、定義を何とか離れてもらいたい。定義にがっちり押さえられてものを考えて行くのではなくて、定義は大事だと思いますけれど、定義にすらとらわれないところから、ひとつ改めて考えてほしいという気持ちがありますから、矛盾することをよく言い出します。

ここもそうですよね。杖が道中に「力を得ざりしが為なり」。今は「力を得る」というのは、「おかげをこうむる」という意味の俗語だと言われてきていますが、そうしますと、道中に杖が何もできなくなっているからだ、ということですね。

思いきって訳しますと、途路というのは私たちの人生のことです。人生道中、生きている私たちの人生に、悟りというのが何の関わりも持たなくなっているからだ、とも読めます。

「復《ま》た云く、畢竟如何《ひっきょういかん》」。とどのつまりどうなのか。これもたくさん質問をしたのでしょうけれども、訪ねてくる誰も返事をしない。そこで「又た自ら代って云く、榔標《しつりつ》横に担って人を顧みず」。その拄杖を、山から取ってきたばかりの杖を、ということは、悟りたての拄杖を、ということです。それを「横に担って人を顧みず」。「横に担って」というのも一つの決まり文句で、立てるとき拄杖が拄杖なんです。「横に担って」という時は、悟りをお掃除するそうです。悟りでない、と。ということは、悟りにも住んでいないで、ということです。悟りという位から離れて、ということです。それが「榔標横に担って」ということです。

それでどうなったのか、というと、面白いことを言っています。「人を顧みず」と言っています。そして「直《じき》に千峰万峰《せんぽうばんぽう》に入《い》り去《さ》る」。役に立たないからだ、と言っておきながら、結局どうなんですか、と聞きますと、もう衆生も捨てて、という感じですよね。衆生なんて眼中になく、「直に千峰万峰に入り去る」。山の彼方に入っていってしまった、ということを言っております。ここまでみなさん、どうでしょうか。

空を引っ担いで色に戻る

ここで、悟りを空というところに置いておいてください、と言いましたが、「無一物《むいちもつ》」というところです。何もない。何もないですから、とらわれることはないですよね。離れる、離れないはないはずなんですけれど、何にもないことに、無一物にまたとらわれるのが私たちなのかもしれません。

そういうわけで、『般若心経』は、「色即是空」で終わっていないわけです。すぐ「空即是色」と、色にとって帰るわけです。これが大事なところだと思いますし、『般若心経』の素晴らしいところだと思います。「色即是空」と、空に行ったらすぐ「空即是色」と打ち返します。そして、この空ということが問題を持っている、ということだと思います。

空というのは無一物です。無一物は素晴らしいんですけれども、『十牛図』で例えますと第八図です。第八図はくるっと一円相が描かれているだけで、後は何も描かれていません。それをいちおう空とします。そうすると、そこには私たち凡夫はいないわけです。だけど、逆に仏もおりません。何も描かれていないというのは、一大事でもあるわけです。

ですから、『十牛図』の第七図というのは、仏に近い、修行を成就した若者が描かれているわけです。ところが、第八図は、その修行を成就した若者さえも捨て去っています。これが一つの禅の大事なわけです。もちろん煩悩妄想は否定するわけです。と同時に、悟りから生まれます仏見、法見も嫌うんです。煩悩妄想はもちろんだめなんです。だけどそれだけではなくて、仏見、法見がちらりとでも起こったらだめだぞ、というのが『十牛図』の第八図なんです。そして、第八図という位、位置にとらわれてもだめだぞ、そこを離れなければいけない。それが「位を離れざれば」ということで、離れないとだめだ、ということです。

じゃあどうすればいいんですか、というと、もう色に戻るしかないんです。それで、空を背負って、空を引っ担いで色に戻る、それを『般若心経』は主張しているんです。空と出会って、空とともに帰って来なさいと、『般若心経』は我々に説いて止まないのです。

ではどう違うんですか、空が加わるとどう違うんですかというと、大いに違うんです。ガラッと変わるんです。私たち凡夫が、空に達して、空を現じて、空に会って色に戻ってくると、菩薩になっている、というわけです。凡夫が菩薩に変わっているわけです。

しかし、それはある意味で空が加わっただけですから、空というのは眼に見えませんから、誰にも分かりません。この人は凡夫なのか菩薩なのか、誰にも分かりません。外からは全然わからないけれども、本人はガラッと変わっている。そういう大きな働きをするのがこの空なんです。だから空は大事なんです。すごく大事なんです。大事なんだけれど、だけどその空に腰を下ろして動かないでいると、何もできませんよ。空は手もなければ脚もないんですから、人々のために何もできませんよ、ということです。

ですから、「衆生無辺誓願度《しゅじょうむへんせいがんど》」と言っても何もできません。何かするためにはやはり、凡夫のところに戻ってこなくてはならない。だけど、今度は空が加わっていますから、凡夫が凡夫でないんです。菩薩になって生きる、という大きなチェンジがそこに現成しているわけなのです。

ところが、本則のほうで、「古人這裏に到って、為什麼にか住することを肯ぜざる」。これは一つの答えとしては、私たちの人生に、空だけだったら何の関わりも持たないから、ということです。しかし、空が我が身に現ずること、空と出会うこと、それによって私たちは変わるんです。それが空のありがたいところです。私たちが空に触れることによって、私たち一人一人が変わって行く。空に開けることを「空開」といいます。空に開けることによって、我々が変わってくる。「他の途路に力を得ざりしが為なり」。空だけだったらだめなんです。空と我々が出会うことが大事なんです。そこに空が本当に力を発揮する場があるんです。

そして、「復た云く、畢竟如何」。それでとどのつまり、どんなふうになるんですか、と。私はいま、菩薩になるんです、という言い方をしました。ところが、ここではどうでしょうか。どんなことを庵主さんが言っているかというと、「榔標《しつりつ》横に担って人を顧みず、直に千峰万峰に入り去る」と。これはものすごく深いことを言っていると思ってください。どういうことを言ってくれているかといいますと、私たちにとっての一番の障礙はなにか。私たちをだめにするものは何か、というと、「人惑」だというんです。人だ、というんです。その最たるものは師匠だ、というんです。師匠が一番の人惑、一番悪いやつだ、というんです。それはそうですよね。師匠に言われたらやらざるを得ないですよね。ですから一番、人惑を嫌うわけです。『臨済録』はそれです。ある意味それ一つです。それ一つを説いているんです。人惑を受けるな、と。それが「人を顧みず」であり、「衆生無辺誓願度」なんてことも捨ててしまえ、というんです。

「楖標横に担って」。もう拄杖を立てないで、横にして、です。ということは、空をひけらかす生き方ではありません。俺は悟っているぞ、という生き方ではないんです。それが、いわゆる仏見、法見もない、というところです。では衆生はどうなんでしょうか。それが「人を顧みず」です。衆生もない。

これは臨済禅師だけではなくて、全ての祖師方の生き方なんです。これを「宝鏡三昧」といいます。ところで、『宝鏡三昧』というのは、曹洞宗のご開山、洞山禅師がお書きになったといわれています。そこでは、「愚の如く、魯の如」しと表現されています。愚か者の如く、ばか者の如く、何も分からない者の如く、と言われています。それが「楖標横に担って人を顧みず」です。「直に千峰万峰に入り去る」。「衆生無辺誓願度」が、何よりも仏道にとって一番の誓願であるのに、無辺の苦しんでいる衆生をも見捨てて、「千峰万峰に入り去る」と、こう言っておられます。

「愚の如く、魯の如し」

これでは救われないと思ったのか、雪竇さんがこれを逆転しています。そこで頌を見てください。

「眼裏《めのなか》の塵沙《ちり》、耳裏《みみあな》の土、千峰万峰住することを肯ぜず」。本則では庵主さんは、「楖標横に担って人を顧みず、直に千峰万峰に入り去る」と言っています。

ところが、頌のほうでは、雪竇禅師は「千峰万峰住することを肯ぜず」と。千峰万峰にも止まらない、とこういう言い方をしています。これが、圜悟禅師が垂示で言っている「機、位を離れざれば」ということだと思います。千峰万峰が最後ではない、ということです。ちょうど、空が最後でないが如く、空に出会ったらすぐさっと色に帰ってくるが如く、千峰万峰に去らせはせんぞ、行かせはせん、「行くまいぞ、往くまいぞ」というのが雪竇さんの心です。

「眼裏の塵沙、耳裏の土」。眼は塵垢でいっぱい。耳の穴には土が詰まっている。まさに「愚の如く、魯の如し」です。それが無辺の衆生が苦しんでいる現場です。それは当に、眼の中にたくさん塵を入れている、耳穴には土が詰まっていて、よく声が聞こえない。眼がよく見えない、耳がよく聞こえない、これが私たちの住んでいる、いまここなんじゃないでしょうか。

そして、大事なのはそこだ、と言ってくれているんだと思います。凡夫の世界です。色の世界です。そこが大事なんだ、と言い返しているわけです。雪竇さんは頌によせまして、儂は千峰万峰に住することは許さんぞ、と言っているんです。

「落花《らっか》流水《りゅうすい》太《はなは》だ茫茫《ぼうぼう》たり」と。花が落ち、水に流れて行く。これが仏法第一の真理である「諸行無常」ということです。「太だ茫茫たり」と言っています。一つや二つではない。果てしのない、広々とした川の流れに、無数に苦しんでいる衆生がいる。無常な世に苦しんでいる人々がいる。

「眉毛《びもう》を剔起《てっき》して」。「剔」というのは、繰り出すというような意味もあるそうですが、眉毛をかっと上げて、この現実をよく見よ、というんです。「落花流水太だ茫茫たり」、これだけ無数の人々が苦しんでいるのを、眉毛を大きく上げてよく見よ、ということですね。それを承知で、「何処にか去《ゆ》く」、どこに行こうというのか、ということです。行かせんぞ、行かせんぞ、と言っているんだと思います。

「愚の如く、魯の如」くなって生きる。それを「主中の主と名づく」と言っています。主人公の「主」、あるいは主体性の「主」でもあります。それが最も主なるあり方、大事なあり方の中でも大事なあり方だ、と『宝鏡三昧』は押さえているわけです。

白隠さんもそうです。「徳雲の閑古錐《かんこすい》」、お悟りを開いた方です。菩薩でもあると思います。「徳雲の閑古錐、幾《いくたび》か下る妙峰頂」、妙峰頂にお住まいのはずの徳雲比丘です。「他の癡《ち》聖人を傭うて」、声をかけて同類の人を集めて、何をやっているかと言うと、「雪を担うて共に井を塡《うず》む」。雪を担いできて、井戸を埋めようとしている。滾々と湧く井戸でしたら、埋めようがないですよね。たちどころに「紅炉上《こうろじょう》一点の雪」で溶けてしまいます。ですから、一向に役立たないことであります。これもまた、「愚の如く、魯の如」くと言えると思います。曹洞宗の洞山禅師、そして臨済宗の中興の祖といわれた白隠さんは、そんなことを言っているわけです。

ですから、決して「衆生無辺誓願度」を忘れてしまったわけではないんです。「愚の如く、魯の如」くと言うけれど、本当にそうなったわけじゃないんです。表面上はそう取れるかもしれないけれども、実際は違うんだ。皆さん一人一人が空に開かれて、「空開」という事実を掴んだ時、はた目には以前とちっとも変わっていないように見えるけれども、本人は違います。空に開かれているんですから。本人だけが分かっていることです。白隠さんも、洞山さんの『宝鏡三昧』も同じだと思います。「愚の如く、魯の如」くと、外からは見えるだろうけれども、本当はそうじゃないんです。そこに一つの誓願が入っている。

いと思います。

充実した生き方を見出しているわけです。決して役に立たないことをやっているんではな

しかし、その一見役に立たない、世の中の役に立たないようなことですら、それだけやれるんですから、自分のやっていることが、世の中の役に立つことに結びつくとすれば、これはまたすごい大仕事になるんでしょうね。私たちはこう思わなければならない、というふうに思うわけです。ばかなことだって一生懸命やっているんですから、本当に大事なことなったら、どんなことをやってくれるか、大いに期待しなければならないところだと思うのです。

その基を作るのが「空」の一字だと思います。結果ではなく、その基になる力、そこに禅の居場所があると思います。結果には見えないかもしれないけれども、一つの結果をもたらす力になる。「途路に力を得ざりしが為なり」と言っています。空そのものだったら、「得ざりし為なり」と言われるかもしれないけれども、そうではないところに、「空即是色」と帰ったところ、です。禅に限りません、仏教全体です。『般若心経』の言葉ですから。

また「空即是色」と帰ったところで、空の力を借りて、広大無辺な空に開けるというその空の力に乗っかって、そして「衆生無辺誓願度」の願輪を転じて止まない。そこに禅の

一番大事なところがあると思います。禅だけに限りませんけれども、禅の大事なところはまさにそこだ、と思うわけです。

ですから、武帝が達磨さんに、どんな功徳がありますでしょうかと聞きます。そして、功徳なんかないと言われる。ないと言われても平気なんです。自分は分かっていますから。人に言われるとか言われない、人から認められるとか認められない、そんなことを超えたところで生きていくというのが、「愚の如く、魯の如」くというところであるわけです。

木村太邦（きむら　たいほう）
昭和15年、東京生まれ。昭和38年、早稲田大学法学部卒。同年、商社に入社、10年間の営業生活を送る。昭和44年、真人会（秋月龍珉先生主宰）入会。昭和48年、山田無文老師について得度。同年、祥福僧堂に掛搭。無文老師、河野太通老師に参じる。平成7年、祥龍寺入山。平成16年、祥福寺入山。祥福僧堂師家、ならびに祥福寺住職。

碧巌の海
二〇一七年一月三〇日　第一刷発行
著　者　木村太邦
発行者　澤畑吉和
発行所　株式会社　春秋社
東京都千代田区外神田二―一八―六（〒一〇一―〇〇二一）
電話（〇三）三二五五―九六一一　振替〇〇一八〇―六―二四八六一
http://www.shunjusha.co.jp/
印刷所　萩原印刷株式会社
装　丁　本田　進
定価はカバー等に表示してあります。
 ISBN978-4-393-14429-9